SOPHAL STRUPLER

W0349868

Durch dich bin ich

Wie ich in Kambodscha nach meinen Wurzeln suchte und mein Zuhause in Jesus fand

SCM
Hänssler

SCM

Stiftung Christliche Medien

SCM Hänssler ist ein Imprint der SCM Verlagsgruppe, die zur Stiftung Christliche Medien gehört, einer gemeinnützigen Stiftung, die sich für die Förderung und Verbreitung christlicher Bücher, Zeitschriften, Filme und Musik einsetzt.

MIX
Papier aus verantwortungsvollen Quellen
FSC® C014496
FSC www.fsc.org

© 2022 SCM Hänssler in der SCM Verlagsgruppe GmbH
Max-Eyth-Straße 41 · 71088 Holzgerlingen
Internet: www.scm-haenssler.de · E-Mail: info@scm-haenssler.de

Die Bibelverse sind folgender Ausgabe entnommen:
Neues Leben. Die Bibel, © der deutschen Ausgabe 2002 / 2006 / 2017
SCM R.Brockhaus in der SCM Verlagsgruppe GmbH, Witten/Holzgerlingen.

Übersetzung: Dagmar Schulzki, book-translation.de
Lektorat: Christina Bachmann
Umschlaggestaltung: Miriam Gamper-Brühl
Titelbild und Autorenfoto: © Davit Mao
Bilder im Innenteil: © Sophal Strupler
Satz: typoscript GmbH, Walddorfhäslach
Druck und Bindung: GGP Media GmbH, Pößneck
Gedruckt in Deutschland
ISBN 978-3-7751-6151-0
Bestell-Nr. 396.151

Ich widme dieses Buch meiner Patentante,
die mir das Leben gerettet hat,

meinen Adoptiveltern,
die mich lieben und für mich sorgten,

und ND, meinem Mann, der mich liebt, wie ich bin.

Inhalt

Vorwort

Ich habe Sophal in meinen frühen Zwanzigern kennengelernt. Ich war die Floristin, von der du im Buch kurz lesen wirst. Eines Mittwochnachmittags stand ND, ein Freund von mir, ganz verliebt an meinem Blumenstand und bat mich, ihm einen kleinen Blumenstrauß zu binden. Dieser sei für eine ganz besondere Person, sagte er vielversprechend. Ich hätte zu dem Zeitpunkt natürlich nie gedacht, dass ich ausgerechnet diese besondere Person irgendwann einmal zu meinen Freundinnen zählen und viele gemeinsame Stunden mit ihr teilen würde.

Mein Mann Leo und ich hatten ND, der damals bei mir die Blumen kaufte und später Sophals Mann wurde, im ICF in Zürich kennengelernt, das gerade erst gegründet worden war. ICF steht für International Christian Fellowship und ist eine freie, überkonfessionelle Kirche auf biblischer Grundlage. Später lernten wir auch Sophal dort kennen. Wir wurden zu Freunden, waren Gäste auf ihrer Hochzeit, hatten später Kinder im gleichen Alter und engagierten uns in derselben Kirche. So teilten wir die Arbeit, Freizeit und auch die Ferien miteinander.

Ich werde den Moment nicht vergessen, als Sophal und ich uns Jahre später einmal zum Malen trafen. An diesem Dienstagmorgen stand Sophal lange vor ihrer Leinwand, betrachtete ihr Kunstwerk und sagte auf einmal nachdenklich: »Ich glaube, ich habe meine leiblichen Eltern gemalt!« In der Tat, auf ihrer Leinwand war links ein Mann mit einem Strohhut zu erkennen, wie man ihn aus Kambodscha kennt. Er schien in einem Reisfeld zu stehen und zu ernten, eine reiche Ernte, wie es schien. Daneben war eine andere Gestalt zu erkennen. Das musste seine Frau sein. War das etwa Sophals leibliche Mutter? Und das, was die Frau in ihrem Umhang bei sich trug, war das Sophal, dargestellt als reiche Ernte? Still staunend standen wir gemeinsam vor dem Bild. Wie persönlich und wie prophetisch Gott Sophal im Hier und Jetzt begegnete! Das war einer der vielen Momente, in denen ich erleben konnte, wie Gott Sophal auf so unkonventionelle Weise an die Hand nahm und sie in die Erinnerung vergangener Ereignisse begleitete, damit ihre Wunden heil werden konnten.

Das war ein sehr berührender, schmerzhafter, emotionaler und schließlich heilsamer Moment, selbst für mich. Einer dieser Momente, in denen Sophal zuließ, ihre Geschichte zu reflektieren. Einer der vielen Momente, in denen sie sich selber, ihrer Geschichte, ihrer Herkunft und Vergangenheit stellte – mit allem, was dazugehört, Gutes und Schlechtes, Frohes und Schmerzhaftes. Solche Momente fordern uns heraus, scheinen uns manchmal fast zu erschlagen – ja. Aber mitzuerleben, wie Sophal in solchen Momenten innehielt, sich Gott zuwandte und dadurch Trost, Heilung und Mut erfuhr, ist ein kostbarer Teil unserer Freundschaft.

Ich liebe es, wie Sophal das Wunder der Vergebung zugelassen hat, den Schlüssel zum inneren Frieden. Wie eindrücklich war es, mitzuerleben, wie Begegnungen mit Jesus sie nach und nach frei machten und ihr inneren Frieden schenkten. Wer hätte sich jemals vorstellen können, dass die Lebensgeschichte von Sophal, einem in einem Körbchen ausgesetzten kambodschanischen Baby, an diesem Punkt nicht einfach abrupt enden würde, sondern weitergeschrieben würde?

Ich habe großen Respekt vor Menschen wie Sophal, die den Mut haben, ihre eigene Geschichte anzuschauen, sich heilen zu lassen und sich Gott zur Verfügung zu stellen.

Das haben nicht viele. Warum? Die Wahrheit ist, dass die meisten Leute glauben, alles in ihnen sei wertlos und unwürdig. Deshalb leben wir in einer Welt voller Menschen, die sich der Nachahmung anderer Menschen widmen, anstatt das einzigartige Individuum zu zeigen, das in ihnen steckt.

Jemand hat einmal passend gesagt: »Denke daran, dass es nicht das ist, was du bist, was dich zurückhält, sondern das, was du glaubst, nicht zu sein.«

Sophals Geschichte zeigt mir: Wenn wir uns unserer eigenen Geschichte stellen, die Gott mit jedem von uns schreiben möchte, kann Unmögliches Wirklichkeit werden!

Es wird immer einen mutigen Schritt von uns fordern, aber wenn wir uns darauf einlassen, werden wir merken, dass Gott durch Jesus Christus das große Ganze für uns bereits vollbracht hat. Und er kann viel mehr tun, als wir uns vorstellen oder erträumen können.

Susanna Bigger, leitende Pastorin im ICF Zürich,
August 2021

Über dieses Buch

> Ein Buch ist ein Geschenk, das man immer wieder öffnen kann.
>
> – *Garrison Keillor*[1]

Während ich dieses Buch schreibe, befinden wir uns in einem internationalen Notstand. Die Welt scheint komplett stillzustehen. Das Reisen ist überall auf der Welt stark eingeschränkt und Kambodscha ist dabei keine Ausnahme. Während unsere Nachbarländer wie Thailand ihre Grenzen geschlossen haben, wissen wir nicht, was die Zukunft für uns bereithält.

Seit Beginn des Jahres 2020 hat sich das Coronavirus auf der ganzen Welt ausgebreitet. Die Pandemie kostete unzählige Menschen das Leben – im Moment wird eine Todesrate von etwa drei Millionen angenommen –, doch noch schlimmer ist, dass sie die Menschen auf der ganzen Welt in Angst und Schrecken versetzt hat. In Entwicklungsländern wie Kambodscha wurde die Wirtschaft komplett lahmgelegt. Der Tourismus ist praktisch über Nacht zum Stillstand gekommen und die Hotels und Restaurants wie auch die Flughäfen und Schulen schließen und öffnen je nach dem aktuellen Grad der Bedrohung. In unserer geschäftigen Pub Street hier in Siem Reap herrscht Totenstille. Die Lichter sind aus und es ist kaum ein Geräusch zu hören. Tausende hart arbeitender Menschen in unserer Stadt haben aufgrund der ausbleibenden Touristen ihre Arbeit verloren.

Ich lebe mit meinem Mann ND seit 2013 in Siem Reap, Kambodscha. Unsere beiden Kinder sind 2019 in die Schweiz zurückgekehrt, um ihre Fachausbildung abzuschließen. Dort kommt auch mein Mann her und ich bin als Kind dort aufgewachsen. Jetzt sind wir von unseren Kindern sehr, sehr weit entfernt. Ich weiß, dass das für die Zukunft unserer Kinder das Beste ist, aber der Gedanke, dass uns so viele Kilometer trennen, bricht mir das Herz und lässt sie mich noch mehr vermissen. Das Wissen, dass ich sie nicht einmal besuchen kann, fühlt sich wie ein Messerstich in meiner Brust an. Es ist nicht schön, wenn Kinder ihr Zuhause verlassen. Unser Haus ist jetzt zu leer und zu still.

In dieser Zeit, in der niemand weiß, was als Nächstes passieren wird, hätte ich meine Kinder viel lieber in meiner Nähe. Ich würde sie gerne im Arm halten, während wir gemeinsam auf die erhabenen Berge der Schweiz blicken.

Stattdessen habe ich die Zeit genutzt, um dieses Buch zu schreiben. Ich hatte dieses Projekt schon auf dem Herzen, seit meine Familie und ich den Entschluss gefasst hatten, nach Kambodscha zu gehen, doch ich bin eine Meisterin im Hinauszögern. Letzten Endes gebrauchte Gott einige Menschen und diese Pandemie, um mich aus meiner Komfortzone zu treiben.

So nahm ich, acht Jahre nachdem mir der Gedanke, ein Buch zu schreiben, zum ersten Mal durch den Kopf gegangen war, schließlich meinen ganzen Mut zusammen, öffnete mein Notebook und begann mit dem Schreiben. Nach ein paar Wochen machte es mir immer mehr Freude. Meine Gedanken und Träume drehten sich oft darum, wie ich die einzigartige Reise meines Lebens beschreiben sollte. Es gab jedoch auch immer wieder Phasen, in denen ich mich völlig unqualifiziert dafür fühlte, ein Buch zu schreiben, und kurz davor war, mein Projekt aufzugeben. Aber ich hielt durch – nicht, weil ich glaubte, dass ich das allein schaffen konnte, sondern weil man manchmal nichts anderes tun kann, als gehorsam zu sein.

Ich möchte dir meine Geschichte erzählen, aber ich muss dich warnen: Sie ist mehr als eine Erzählung über mich und meine Reise. Es ist die Geschichte, wie Gottes unerwarteter Plan für mein Leben Wirklichkeit wurde. »Geht nach Kambodscha und gründet eine Gemeinde.« Das waren die Worte, die mein Mann und ich von Gott hörten, und genau das taten wir. Auf den folgenden Seiten möchte ich dir erzählen, was Gott durch diese einfachen Schritte des Gehorsams bewirkt hat. Das geht weit über alles hinaus, was ich mir je hätte vorstellen können, und ich bin voller Freude und Dankbarkeit.

Ich bin eine gewöhnliche Frau, aber Gott hatte einen außergewöhnlichen Plan und er hat beschlossen, diesen durch mich und meine Familie zu verwirklichen.

Manchmal bin ich verzweifelt, zerbrochen, verletzt. Ich denke oft, dass ich nicht die großartigen Talente besitze, die andere Nachfolger Christi haben. Manche verzaubern mit ihrer wunderschönen Singstimme Hunderte von Menschen. Andere sind sprachlich sehr begabt und fesseln die Menschen stundenlang mit Geschichten oder großen Theorien über die Leiterschaft, das Leben und Gott. Wieder andere sind mathematisch begabt und warten mit faszinierenden Tatsachen und Zukunftsideen auf oder sind Vorbilder für Anmut und Schönheit. Ich habe keine dieser Begabungen.

Ich bin nur eine durchschnittliche Frau. Ich weiß, dass mir viele widersprechen würden: »Nein, Sophal, du hast so viele Gaben!«

Meine Antwort darauf lautet: »Nenne mir nur eine davon.« Diejenigen, die schon in unserem Haus waren und mich gut kennen, würden sagen: »Du hast die Gabe der Gastfreundschaft und das Talent zum Kochen.« Ja, das mag richtig sein – und das ist auch der Grund, warum ich ständig mit meinem Gewicht kämpfe. (Oder ist es ein unterbewusstes Problem – eines der vielen, die alle Adoptierten heimsuchen können?) Ich lache, während ich das schreibe, aber ich nenne mich selbst eine emotionale Esserin.

Reichen meine Gaben der Gastfreundschaft und des Kochens aus, um in dieser Welt einen Unterschied zu machen? Um mein Volk, mein Land – Kambodscha – zu stärken?

An diesem Punkt verstehe ich, dass die Veränderung nicht allein aus mir heraus entstehen kann. Es ist vielmehr ein Zusammenspiel von Gottes Wirken in mir und dem langsamen Marsch des Gehorsams sowie dem ständigen Hören auf Gottes Stimme, während ich seinem Weg folge. Er hat mich mit anderen Gaben gesegnet als andere Menschen, aber ich glaube, das ist so, weil sein Licht durch einen so einfachen Menschen wie mich noch heller leuchten kann.

Sophal Strupler, Siem Reap im September 2021

Alle Teesorten dieser Welt

> Alles hat seine Zeit, alles auf dieser Welt hat seine ihm gesetzte Frist.
>
> *– Prediger 3,1*

Es war zum Ende des Jahres 1990. Ich saß in einem Seminar auf der Explo-Konferenz. Zu dieser Konferenz hatte die staatlich unterstützte Kirchengemeinde unserer kleinen Stadt in der Nähe von Zürich junge Erwachsene eingeladen. Ich war in Eglisau aufgewachsen und hielt nicht viel von solchen Konferenzen, aber da ich Jugendleiterin in der Gemeinde war und mich immer an Gemeindeaktivitäten beteiligte, hatte ich mich angemeldet.

Da saß ich nun und hörte die faszinierenden Geschichten von Annelies und Heinz Strupler über die Liebe zu Gott und anderen Menschen. Sie waren Pastoren einer Freikirche – die mir oft aufrichtiger und lebendiger als die staatlichen Kirchen erschienen. Ich hatte sowohl von meinen Eltern als auch in der Gemeinde schon viel von der Liebe Gottes gehört, aber die Art und Weise, wie Struplers dieses Thema beleuchteten, ließ mich aufhorchen. Sie berührte meine Seele.

Während ich gebannt zuhörte, sah ich aus dem Augenwinkel zwei junge Männer, etwa siebzehn oder achtzehn Jahre alt. Sie waren im Hip-Hop-Stil gekleidet – ausgebeulte Jeans, aus denen oben ihre Boxershorts herausschauten, übergroße Shirts und klobige Timberland-Schuhe. Sie zogen meine Aufmerksamkeit auf sich, sodass es mir für einen Moment schwerfiel, mich auf das Seminar zu konzentrieren. Ich kann es nur so ausdrücken: Sie waren einfach cool. Solche Jungen hatte ich noch nie getroffen. Die einzigen Jungen, die ich kannte, waren aus meiner Schule und meiner Gemeinde. Aber ich war an keinem von ihnen interessiert, weil ich die meisten schon von klein auf kannte. Sie waren mehr wie Familie für mich.

Auf der Bühne fuhr Annelies fort zu erzählen, wie sie vor einigen Jahren, ohne es zu wissen, über Weihnachten Engel in ihrem Haus beherbergt hatten. Die Gäste, die sie beschrieb, waren Ärzte aus Rumänien, die sie durch andere Christen kennengelernt hatten. Sie wussten nicht, wo sie über Weihnachten schlafen konnten, und Annelies und Heinz hießen sie in ihrem Haus herzlich willkommen. Sie luden zu Weihnachten immer Menschen ein, die sonst niemanden hatten, mit dem sie feiern konnten. Sie verbrachten einen schönen Abend zusammen, doch als Annelies am nächsten Morgen nach ihnen sah, waren sie verschwunden. Ihr Bett war ordentlich gemacht und darauf lag eine Karte, auf der sie den Struplers für ihre Gastfreundschaft dankten. Annelies und Heinz versuchten noch, sie zu finden, aber niemand kannte sie. Sie waren wie vom Erdboden verschluckt. Diese Ärzte hatten sie sehr ermutigt und waren ein großer Segen für sie gewesen. Daraus sowie aus der Tatsache, dass sie noch vor dem Morgen verschwunden waren, schlossen Annelies und Heinz, dass das Engel gewesen sein mussten.

Plötzlich waren die beiden coolen Jungen auf der Bühne. Der größere der beiden mit dunklem Haar sprach auf Englisch und der kleinere, blonde Junge übersetzte das Gesagte ins Deutsche. Ich hörte ihrem Bericht aufmerksam zu. Sie erzählten, wie sie in Zürich auf der Straße ein spontanes Rap-Konzert veranstaltet hatten, um den Menschen von ihrem Glauben zu erzählen. Sie hatten ihren Gettoblaster aufgestellt und zur Musik gerappt und getanzt. Viele Menschen waren stehen geblieben und hatten ihnen zugesehen. Dann hatten sie auf der Straße von ihrem liebevollen Gott erzählt und die Menschen zu einem persönlichen Gespräch, Gebet oder Worten der Ermutigung eingeladen.

Die beiden Jungs beendeten ihren Vortrag auf der Konferenz mit der Einladung an uns alle, eines ihrer Konzerte zu besuchen, und verließen den Raum unter begeistertem Applaus. Ich war wie elektrisiert.

Heinz Strupler beendete den Tag mit einigen Bibelversen und Gebet. In mir war nur ein Gedanke: Diese Familie möchte ich kennenlernen!

Ein wenig später hörte ich laute Rapmusik und fand mich unversehens mitten in einer Menschenmenge wieder. Über die im Takt wippenden Köpfe der Menschen hinweg sah ich vier Rapper, von denen einer am Plattenteller stand. Ich versuchte, dem englischen Text zu folgen: *Move to the rhythm, kick this beat, in God's house, move your feet…*

Nach dem Konzert luden die Musiker alle Zuhörer herzlich zum Gottesdienst in die ICF Church am Sonntag ein. Ich beschloss sofort, dort hinzugehen. Ich wollte diese Church von Heinz und seinen Freunden unbedingt kennenlernen. Wenn sie dort solche Musik spielten, würde ich dort sicher neue Freunde finden. Ich war fasziniert und konnte den Sonntag kaum erwarten. Der Gottesdienst sollte um sechs Uhr dreißig beginnen. Obwohl ich angesichts dieser frühen Uhrzeit zuerst alarmiert war, war mir schnell klar, dass ich mich davon nicht abhalten lassen würde. Als ich einer Berufsschulfreundin, die bereits mehrere ICF-Gottesdienste besucht hatte, davon erzählte, kicherte sie und erklärte mir, dass der Gottesdienst nicht am frühen Morgen (zum Glück!), sondern abends stattfinde. Ich war sehr erleichtert und lachte lauthals mit. Ich kannte nichts anderes als einen Gottesdienst am Vormittag und hatte automatisch angenommen, dass sich die Uhrzeit auf den frühen Morgen bezog. Aber ich muss zugeben: Ich war sehr froh, nicht vor Sonnenaufgang aufstehen zu müssen!

Endlich kam der Sonntag. Ich bat meine Freundin aus der Berufsschule, mich zu diesem etwas anderen Gottesdienst nach Zürich zu begleiten. Wir waren erstaunt, dort so viele junge Menschen in unserem Alter zu sehen. Heinz Strupler leitete den Gottesdienst. Er begrüßte mich mit einer freundlichen Umarmung und fragte: »Hallo, wie heißt du?«

»Mein Name ist Sophal«, entgegnete ich. »Ich bin heute zum ersten Mal hier. Ich wurde auf der Explo letztes Wochenende von einigen Rappern eingeladen.«

»Oh, das ist ausgezeichnet. Schön, dich kennenzulernen, Sophal. Ich wünsche dir einen schönen Abend.«

Nervös setzte ich mich auf einen der hinteren Plätze. Schließlich begann der Gottesdienst. Er war so ganz anders als alle Gottesdienste, die ich bisher besucht hatte, was ich sehr genoss. Er war so viel lebhafter und freudiger, als ich es von meiner eigenen Gemeinde kannte. Ich weiß, dass der Sinn von Gottesdiensten nicht darin besteht, die Menschen zu unterhalten, aber es trägt sicher dazu bei, sie bei der Stange zu halten. Niemand will einen unpersönlichen Jesus kennen. Die ICF Church war modern, die Predigt war verständlich und ermutigend und die Musik stammte von einer Band, die mit Synthesizer, elektrischer Gitarre, Bass und Schlagzeug ausgestattet war. Diese Art von Musik hatte ich noch niemals zuvor in einer Kirche gehört.

ICH WEISS, DASS DER SINN VON GOTTESDIENSTEN NICHT DARIN BESTEHT, DIE MENSCHEN ZU UNTERHALTEN, ABER ES TRÄGT SICHER DAZU BEI, SIE BEI DER STANGE ZU HALTEN.

Nach dem Gottesdienst stellte mich die Freundin, mit der ich gekommen war, ihren Freunden in der Church vor. Einer von ihnen war ND Strupler, der Sohn von Annelies und Heinz. Er war der blonde der beiden Jungen, die ich damals im Seminar auf der Bühne gesehen hatte. Anneliese und Heinz hatten ihn bei der Geburt Andy taufen wollen. Das wurde beim Eintrag vom Amt aber nicht akzeptiert, also nannten sie ihn Andreas. Als er dann zum Teil in Amerika aufwuchs, nannte er sich selbst »ND«, was englisch ausgesprochen wie »Andy« klingt.

Ich wusste nicht, dass meine Freundin wenige Wochen zuvor nach ihrem ersten ICF-Gottesdienst ihr Leben Jesus anvertraut hatte. Es war ND gewesen, mit dem sie damals gemeinsam gebetet hatte. Ich vermutete, dass sie in ihn verliebt war. Für einen Moment flackerte Enttäuschung (oder war es Eifersucht?) in mir auf, doch das war schnell vorüber. Ich genoss es sehr, mich mit diesen Menschen zu unterhalten, und war dankbar, dass meine Freundin und ich zusammen hierhergekommen waren.

Von diesem Tag an ging ich jeden Sonntag in den Gottesdienst des ICF und ND stellte mir Woche für Woche dieselbe Frage: »Wie war doch gleich dein Name?« Entweder war mein Name zu ausgefallen, als dass er ihn sich hätte merken können, oder er hatte absolut kein Interesse an mir. Am liebsten hätte ich mir jedes Mal, wenn er mich das fragte, die Hände vor das Gesicht geschlagen, aber ich wollte ihn meine Frustration nicht spüren lassen. Nach einer Weile fand ich es fast schon lustig.

An einem Mittwochnachmittag ging ich nach der Arbeit in die Züricher Innenstadt, um mir neue Unterwäsche zu kaufen. Auf dem Weg dorthin stand plötzlich ND vor mir.

»Hallo Sophal«, begrüßte er mich. »Wie geht es dir? Wohin gehst du?«

Ich war überrascht, dass er sich an meinen Namen erinnerte, aber ich konnte ihm nicht sagen, was ich vorhatte, weil es einfach zu peinlich war. Und ganz sicher wollte ich keinen Jungen dabei haben, wenn ich mir neue Unterwäsche kaufte! Ich stellte mir vor, wie es uns beiden die Röte ins Gesicht treiben würde, wenn er herausfand, was ich geplant hatte. Schnell stieß ich hervor: »Ach, ich laufe einfach so herum. Was tust du hier? Willst du etwas einkaufen?«

»Ja, ich brauche ein paar Textmarker. Hast du Lust, mich zu begleiten?

Das war meine Chance! Als wir nebeneinander hergingen und ich seine Nähe spürte, breitete sich in mir ein tröstendes und wärmendes Gefühl aus. Vielleicht würde unsere gemeinsame Suche nach seinen Textmarkern ja sogar zur Folge haben, dass er sich meinen Namen auch in Zukunft merken konnte!

Ohne Eile bummelten wir durch die Geschäfte, kauften die Textmarker und setzten uns schließlich neben der Bahnhofstraße – der Hauptstraße, die sich durch ganz Zürich zieht – ins Gras. Wir redeten, lachten, erzählten uns Geschichten und sprachen über unsere Träume. Unser Zusammensein war so vertraut, entspannt und natürlich, dass es schien, als würden wir uns schon lange Zeit kennen.

Ich erzählte ND von meinem lang gehegten Traum, irgendwo im Ausland als Missionarin zu arbeiten. Er vertraute mir mit leuchtenden Augen an: »Ich möchte um die ganze Welt reisen und einen Unterschied machen.« Mein Herz flatterte, als ich seine Worte hörte. Er wollte ins Ausland reisen und das Leben von Menschen verändern, genau wie ich!

Das war ein großartiger Moment und ich wollte ND unbedingt wiedersehen. Wir verabredeten uns für den folgenden Mittwoch zur selben Zeit am selben Ort. Voller Aufregung stieg ich in den Zug, um nach Hause zu fahren. Die halbstündige Fahrt fühlte sich viel kürzer an als sonst. Ich war glücklich, dass ich ND getroffen hatte, und ich hatte unsere Unterhaltung sehr genossen. Abends konnte ich kaum einschlafen, weil ich so nervös war und ständig an meine nächste Verabredung mit ihm denken musste. Was würde die Zukunft für uns bereithalten?

Die Tage bis zum nächsten Mittwoch vergingen unglaublich langsam, aber endlich war es so weit. Nach der Arbeit lief ich auf die Toilette, legte Parfum und Make-up auf und fuhr dann mit der Straßenbahn zum verabredeten Treffpunkt. Als ich dort ankam, traute ich meinen Augen nicht: Da stand ND mit einem kleinen Blumenstrauß in der Hand. Er erzählte mir, dass eine seiner Freundinnen in der Blumenabteilung des nahe gelegenen Kaufhauses arbeitete und diesen kleinen, aber reizenden Strauß nur für mich gebunden habe.

Wir liefen durch die Stadt und landeten schließlich in einem chinesischen Teehaus. Auf der Karte waren Dutzende verschiedener Teesorten aufgeführt. Ich entschied mich für grünen Tee, ND wählte Limettentee. Über unseren dampfenden Tassen sprachen wir über Gott und die Welt – über unsere vergangenen Beziehungen und unsere Enttäuschung darüber, nicht mit der richtigen Person zusammen gewesen zu sein, über unsere Kindheit, wie wir aufgewachsen waren, unsere Ausbildung, unsere Eltern, einfach alles. Die Zeit verflog so schnell! Wir lasen einander die Bibelverse vor, die uns gerade wichtig waren, und diskutierten über ihren tieferen Sinn und ihre Bedeutung für unser tägliches Leben.

NDs Verse lauteten: *Ich weiß alles, was du tust und dass du weder heiß noch kalt bist. Ich wünschte, du wärest entweder das eine oder das andere! Aber da du wie lauwarmes Wasser bist, werde ich dich aus meinem Mund ausspucken!* (Offenbarung 3,15-16).

Meiner stand in Jesaja 43,1: *Hab keine Angst, ich habe dich erlöst. Ich habe dich bei deinem Namen gerufen; du gehörst mir.*

Die Leidenschaft, mit der ND seinen Glauben an Jesus lebte, berührte mich und nahm mein Herz für ihn ein. Unwillkürlich fragte ich mich, ob er dasselbe fühlte. Doch statt mir darüber weiter Gedanken zu machen, trank ich meinen Tee und genoss die Gesellschaft meines neuen, faszinierenden Freundes.

Wir erzählten uns weiter Geschichten aus unserer Vergangenheit und sprachen dann über die Zukunft. Es war alles fast zu schön, um wahr zu sein. ND bezahlte die Rechnung und wir gingen langsam zurück zum Bahnhof. Dort wandte er sich mir mit einem ernsten Gesichtsausdruck zu, sah mir direkt in die Augen und sagte: »Sophal, ich würde dich gerne näher kennenlernen, aber ich habe Gott das Versprechen gegeben, ein Jahr lang keine neue Beziehung anzufangen.«

Das traf mich sehr. Doch ich bemühte mich um einen neutralen Gesichtsausdruck und versicherte ihm: »Oh, ich möchte im Moment auch keine neue Beziehung. Ich suche nur nach einem guten Freund. Es ist schön, dich näher kennenzulernen.« In diesem Moment war ich froh, dass er mich noch nicht gut genug kannte, um meine Gedanken und Gefühle lesen zu können. Als ich im Zug saß und nach Hause fuhr, überschlugen sich meine Emotionen. Wir hatten vereinbart, uns in einer Woche wieder zu treffen, so lange hatte ich also Zeit, meine Gefühle unter Kontrolle zu bekommen. Was sollte ich tun? Wie sollte ich reagieren? Wie konnte ich ihm sagen, was ich für ihn empfand?

Schließlich kam der nächste Mittwoch. Wir hatten uns für fünf Uhr an derselben Ecke an der Bahnhofstraße verabredet. Ich traf vor ND ein und wartete nervös und voller Vorfreude, ihn wiederzusehen. Er erschien mit einem breiten Lächeln auf dem Gesicht und, ja, einem weiteren kleinen, hübschen Blumenstrauß in der Hand. Mit einem Mal war meine Nervosität wie weggewischt. Seine warmherzige und gewinnende Art beruhigte und entspannte mich. Ich fühlte mich sicher. Ich dachte: »Hätte mir jemand, der nur meine Freundschaft wollte, auch bei der zweiten Verabredung Blumen mitgebracht?«

WIE SOLLTE ICH REAGIEREN? WIE KONNTE ICH IHM SAGEN, WAS ICH FÜR IHN EMPFAND?

Wir gingen wieder in dasselbe Teehaus. Diesmal bestellten wir beide eine andere Teesorte und witzelten darüber, dass wir alle Tees auf der Karte ausprobieren sollten. Mittlerweile hatte ich beschlossen, dass es besser war, einen großartigen Freund zu haben, als unsere Freundschaft zu zerstören, indem ich meinen Gefühlen, die so neu und zerbrechlich waren, Ausdruck verlieh. Ich wollte ND noch viel besser kennenlernen. Bisher hatten wir nur an der Oberfläche gekratzt.

Das ganze nächste Jahr über trafen wir uns jeden Mittwoch und unterhielten uns über alles Mögliche. Wir hatten es beide satt, uns nur um einer Verabredung willen mit irgendjemandem zu treffen. Wir waren beide entschlossen, dass unsere nächste Beziehung die letzte sein würde. Wir wollten die Person heiraten, mit der wir das nächste Date hätten. Als ND mir schilderte, wie seine nächste Freundin sein sollte, beschrieb er mich, und als ich ihm erklärte, wie ich mir meinen zukünftigen Mann vorstellte, beschrieb ich ihn. Es war so romantisch!

Fast ein Jahr später meldeten wir uns beide für ein Snowboard-Camp an, das von einer Jugendgruppe meiner Gemeinde in Eglisau angeboten wurde. ND war einer der wenigen, die schon vor ein paar Jahren das Snowboard-Fahren gelernt hatten, und er bot mir an, es mir beizubringen. Mit enormer Geduld und unter ständiger Ermutigung lehrte er mich und schließlich schaffte ich es, damit zu fahren, ohne alle zwanzig Meter hinzufallen.

Ich wurde mutiger, machte eine Rechtskehre, eine Linkskehre und wieder eine Rechtskehre und wurde dabei immer schneller. Doch plötzlich verlor ich die Kontrolle, das hintere Ende meines Snowboards blieb im Schnee stecken und ich fiel hart auf mein rechtes Handgelenk. Nur Sekunden nach meinem Sturz war ND bei mir und half mir aufzustehen. Ich hatte mir am Handgelenk eine schwere Verstauchung zugezogen, was den Tag abrupt beendete. Den nächsten Tag verbrachte ich damit, mich auszuruhen, mein Handgelenk mit Eis zu kühlen und zu bandagieren. Es schmerzte sehr, aber fast genauso sehr schmerzte es mich, dass ich mein neues Snowboard jetzt nicht mehr nutzen konnte.

ND beschloss, bei mir in der Unterkunft zu bleiben, damit ich nicht allein war, während alle anderen Skifahren und Snowboarden gingen. Wir spielten Spiele, redeten, hörten Musik und plötzlich tanzten wir zusammen zu unserem Lieblingslied *Jesus Loves Ya* von Jon Gibson durch den Raum. Überrascht bemerkte ich, dass mein Handgelenk nicht mehr so sehr schmerzte wie zuvor.

An den Abenden gingen wir nach draußen, machten Spaziergänge und betrachteten die Sterne. Es war eines von NDs Hobbys, die verschiedenen Konstellationen zu bestimmen. Er liebte es, mir Sterne zu zeigen und mir ihre Namen zu nennen. In einer Nacht war der Himmel sehr klar und sternenübersät.

»Siehst du diesen Stern?«, fragte mich ND und zeigte auf einen von ihnen.

»Ja, ich sehe ihn«, antwortete ich mit einem Lächeln. Es waren Millionen Sterne am Himmel, aber ich wusste, welchen er meinte. Der Nordstern, der auch Polarstern genannt wird, ist der hellste Stern am Himmel.

Als ich ihn betrachtete, fiel mir ein, dass dieser Stern auch ein Symbol für neue Anfänge war. In dieser Nacht sahen wir uns in die Augen und unterhielten uns leise. Ich musste unaufhörlich daran denken, dass es jetzt ein Jahr her war, seit ND mir von seinem Versprechen gegenüber Gott erzählt hatte, und ich erinnerte mich nur allzu gut daran, welcher Aufruhr in mir geherrscht hatte, als ich damals nach Hause gefahren war. An diesem Abend vereinbarten wir, uns drei Wochen lang nicht zu sehen und währenddessen darüber nachzudenken und uns mit unseren Freunden zu beraten, ob wir eine Beziehung miteinander eingehen sollten.

Die Tage schleppten sich dahin wie in Zeitlupe. Mein Herz war voller Liebe für ND. Ich hatte pausenlos gebetet und wusste, wie meine Antwort lauten würde. Ich fragte mich nur, ob er zu demselben Schluss gekommen war.

Als wir uns schließlich wiedersahen, genossen wir ein romantisches Candle-Light-Dinner und machten anschließend einen Spaziergang auf der Promenade entlang des Zürichsees. Hier finden sich immer viele Menschen ein, Einheimische ebenso wie Touristen, die die Schönheit der von Bäumen gesäumten Promenade genießen. Jeden Tag wird das Blau der sanften Wellen von Segelbooten durchbrochen, die in dem ruhigen Wasser vor Anker gehen. An diesem malerischen und tröstlichen Ort wollte ich nun endlich wissen, ob ND sich ebenso sehr eine tiefere Beziehung zwischen uns wünschte wie ich. Ich dachte, dass man an einem so schönen Ort sicher nur gute Nachrichten bekommen konnte.

Die Sonne war schon vor einer Weile untergegangen und es wurde sehr kalt. In dieser Winternacht mitten im Januar waren wir ganz allein am See. Als wir an dem einsamen Pier standen und die Sterne betrachteten, sagte ND sanft: »Ich habe zu Gott gebetet und auch meine Freunde gefragt, aber ich konnte auf die Frage, ob wir eine Beziehung beginnen sollen, kein klares Ja oder Nein bekommen. Ich schätze, wir sollten weiterhin einfach Freunde bleiben.«

Ich war schockiert. Das war nicht die Antwort, die ich erwartet hatte. Für eine Sekunde setzte mein Verstand aus. Es folgte ein scheinbar endloser Moment des Schweigens.

Ich sah in seine blauen Augen, in denen sich der Mond spiegelte. Dann nahm ich meinen ganzen Mut zusammen und sprach aus, was ich nun schon so viele Tage, seit wir die Zeit und den Ort für dieses Treffen vereinbart hatten, auf dem Herzen hatte. Ich sagte: »Zwei sind besser als einer. Ich glaube, wir wären ein gutes Team. Du hegst für so vieles eine große Leidenschaft, du bist zielorientiert und strebst nach größeren Dingen. Ich bin ein warmherziger Mensch, ich bin liebevoll und gut organisiert. Wir ergänzen uns gut. Zusammen könnten wir vieles erreichen. Lass uns eine Beziehung beginnen.«

»ZWEI SIND BESSER ALS EINER. ICH GLAUBE, WIR WÄREN EIN GUTES TEAM.«

Nachdem ich all das gesagt hatte, wagte ich kaum zu atmen. Mein Herzschlag raste. *Nun liegen die Karten offen auf dem Tisch*, dachte ich, während ich auf seine Antwort wartete. ND stand für einen Moment reglos da und sagte dann leise: »Gib mir fünf Minuten.« Er verschwand in der Dunkelheit und ließ mich allein am Pier zurück. Ich wusste, dass er mit Gott sprach. Das tat er immer, wenn er verunsichert war.

Ein paar Minuten später, die sich für mich wie eine Stunde anfühlten, kam er zurück und sagte liebevoll, aber bestimmt: »Ich habe zwei Bedingungen. Erstens: Durch unsere Beziehung werden andere Menschen Jesus kennenlernen, und zweitens: Wir werden mit dem Sex warten, bis wir verheiratet sind.«

Dann sah er mich an und wartete auf meine Antwort. Eine Million Gedanken rasten durch meinen Sinn. Hatte er seine Meinung geändert? Wollte er jetzt eine Beziehung mit mir beginnen oder sprach er nur von den Bedingungen für eine Beziehung in der Zukunft?

Ich ließ mir einen Moment Zeit und sagte dann: »Wir werden unser gemeinsames Leben der Mission für Gottes Reich widmen und du wirst das Haupt unserer zukünftigen Familie sein.« Offensichtlich hatte ND nicht erwartet, dass ich seinen Bedingungen noch einige hinzufügen würde, und so zog er sich erneut für ein paar Minuten zurück. Ich wurde nervös, als er sich umwandte und mich ein zweites Mal allein in der Dunkelheit stehen ließ. Doch dann gewann die Zuversicht und ich wusste, dass es mutig von mir gewesen war, meine Meinung zu sagen.

Schließlich kam ND zurück an den Pier und sagte: »Wenn Gott im Zentrum unserer Beziehung steht, können wir unsere einzigartige Beziehung jetzt mit einem Gebet beginnen.«

Wir gingen noch ein paar Schritte bis zum Ende des Piers, der in dieser eiskalten Winternacht verlassen dalag, und sahen auf das dunkle Wasser hinaus. Dann begannen wir zu beten. Wir dankten Gott, dass er uns zusammengeführt hatte, und baten ihn, unsere Beziehung dafür zu gebrauchen, dass wir Salz und Licht in der Welt sein konnten.

So begann unsere Beziehung am 13. Januar 1992. In dieser kalten Winternacht hielten wir uns lange in den Armen. Schließlich lösten wir uns voneinander und gingen schweigend zum Bahnhof, wo wir uns verabschiedeten. Als ich nach Hause fuhr, wusste ich, dass ND mein zukünftiger Ehemann sein würde. Diese neue Klarheit, diese Sicherheit war erfrischend. In meinem Herzen wusste ich, dass wir zusammen unglaubliche Dinge erleben würden und Hand in Hand bereit waren für unsere gemeinsame Zukunft.

Wir begannen unsere Reise als Paar mit den Versen 1 bis 14 aus Hesekiel 37. Während wir Gott wie auch einander näher kennenlernten, bekam dieser Abschnitt aus der Bibel eine ganz neue Bedeutung für uns. Die Bibel ist das lebendige Wort Gottes, und als wir reifer wurden und neue Erfahrungen machten, entdeckten wir begeistert, wie vielschichtig und nuanciert diese Verse waren. Darüber hinaus wurde uns dieser Abschnitt als Prophetie über unser neues Leben als verheiratetes Paar gegeben, weshalb er uns für unsere Beziehung und unser Leben mit Gott besonders wichtig ist. Viele Jahre später wurden diese Bibelverse noch bedeutender für uns – was wir erlebten, ließ sich tatsächlich mit trockenen Knochen in einem Tal vergleichen, die wieder zum Leben erwachten.

> Die Hand des Herrn kam über mich, und der Geist des Herrn führte mich hinaus und trug mich in ein Tal, das mit Totengebeinen angefüllt war. Er führte mich an ihnen vorbei. Sehr viele Knochen bedeckten dort den Boden des Tals, und sie waren völlig vertrocknet.
> Dann fragte er mich: »Menschenkind, können diese Gebeine wieder lebendig werden?« »O Herr, mein Gott«, antwortete ich, »das weißt nur du.«
> Da sagte er zu mir: »Weissage über diese Gebeine und sag zu ihnen: ›Ihr gebleichten Knochen, hört das Wort des Herrn! So spricht Gott, der Herr, zu diesen Knochen: Seht! Ich werde euch Atem einhauchen und euch wieder lebendig machen! Ich gebe euch Sehnen, lasse Fleisch an euch wachsen und überziehe euch mit Haut. Ich hauche euch Atem ein und

mache euch wieder lebendig. Dann werdet ihr erkennen, dass ich der Herr bin.‹«

Ich weissagte, wie er es mir befohlen hatte. Und noch während ich redete, hörte ich plötzlich ein lautes Geräusch und die Knochen rückten zusammen und verbanden sich miteinander. Und dann bildeten sich vor meinen Augen Sehnen und Fleisch auf den Knochen. Schließlich wurden sie von Haut überzogen, aber sie hatten noch keinen Atem in sich.

Da sagte er zu mir: »Weissage über den Atem, weissage, Menschenkind, und sag zu dem Atem: ›So spricht Gott, der Herr: Komm, o Atem, aus den vier Winden! Hauche diese Erschlagenen an, damit sie wieder lebendig werden.‹«

Ich weissagte, wie er es mir befohlen hatte, und der Atem fuhr in sie hinein und sie wurden lebendig. Sie standen auf, und es war eine riesige Menschenmenge.

Dann sagte er zu mir: »Menschenkind, diese Gebeine sind das gesamte Volk der Israeliten. Sie sagen: ›Unsere Knochen sind vertrocknet, für uns gibt es keine Hoffnung mehr, es ist zu Ende mit uns.‹ Deshalb weissage und sag zu ihnen: ›So spricht Gott, der Herr: Seht, ich öffne eure Gräber; ich lasse euch als mein Volk aus euren Gräbern steigen und bringe euch nach Israel zurück. Und wenn ich eure Gräber öffne und euch als mein Volk aus euren Gräbern steigen lasse, dann werdet ihr erkennen, dass ich der Herr bin. Ich gebe euch meinen Geist, damit ihr lebt, und ich bringe euch in euer Land. Dann werdet ihr erkennen, dass ich, der Herr, es angekündigt und auch ausgeführt habe. Ich, der Herr, habe gesprochen!‹«

An diesem Tag im Januar also begann die gemeinsame Geschichte von ND und mir. Ich möchte in der Zeit nun allerdings noch einmal fast achtzehn Jahre zurückspringen. Denn da begann meine persönliche Geschichte. Und diese Geschichte hätte es nicht gegeben ohne eine ganz besondere Frau.

Elend im Tropen-paradies

Ich versichere euch: Was ihr für einen der Geringsten meiner Brüder und Schwestern getan habt, das habt ihr für mich getan!

– Matthäus 25,40

Es war früh an einem Montagmorgen im Jahr 1973. Es herrschte eine leichte Brise, die die heiße, feuchte Luft eines typischen Augusttages in Phnom Penh ein wenig auffrischte. Margrit Müller stand auf und rieb sich den Schlaf aus den Augen. Dann kochte sie aus dem Pulver, das sie sich aufgespart hatte, eine Kanne Kaffee. Obwohl es sich nur um Kaffee-Ersatz handelte, genoss sie seinen Duft.

Das erdige Aroma erinnerte sie an die schöne Schweiz. Für einen flüchtigen Moment vermisste sie ihre Heimat – die üppige Vegetation, die rauchenden Schornsteine und die Sicherheit, die sie bot. Es schien alles so weit entfernt zu sein.

Wie jeden Morgen fuhr sie mit ihren Kollegen zu dem Krankenhaus, in dem sie arbeitete. Auf dem Weg dorthin fuhren sie an einem Mann vorbei, der auf dem Boden lag und um Geld bettelte. Sie hielten den Bus nicht an. Es schmerzte sie, den Mann zu ignorieren, aber Margrit wusste, dass ihre Arbeit nicht warten konnte. Sie war vom Schweizerischen Roten Kreuz (SRK) in Kambodscha stationiert.

Langsam stieg die Sonne über die Hausdächer und schickte ihre Strahlen durch die zerbrochenen Fenster. Es war ein schöner, aber zugleich beunruhigender Tag voller neuer und beängstigender Aufgaben.

Margrit erinnerte sich noch gut an den Tag ihrer Ankunft in Kambodscha, weil er sich als entscheidender Wendepunkt in ihrem Leben erweisen sollte. Es war der 1. Juli 1973. Die Verträge für in Krisengebieten stationierte Mitarbeiter des SRK galten meist für die Dauer von sechs Monaten.

Ihren ersten SRK-Einsatz hatte sie in den Jahren 1968/69 im Kinderkrankenhaus von Danang in Vietnam gehabt. Weil schon einige Teams vom Kinderkrankenhaus in Zürich in Danang gewesen waren, war hier bereits vieles gut organisiert. Von dort aus durfte Margrit 1969 mit einer Kollegin für eine Woche nach Siem Reap in Kambodscha fahren, um ein wenig Urlaub zu machen.

Es war ein schönes Land, in dem im Gegensatz zu Vietnam kein Krieg herrschte. Die Freundinnen mieteten sich Fahrräder und fuhren zum Angkor Wat sowie einigen anderen Tempeln, besuchten den Tonle-Sap-See, bummelten durch die Dörfer um Siem Reap und sprachen mit den Menschen. Dort waren kaum Touristen und alles war frei zugänglich.

Margrit war sehr beeindruckt. Sie hatte noch nie etwas über dieses Land gehört oder gelesen und war glücklich, eine neue, so wunderschöne Region der Welt kennenzulernen. Thailand sei das Land des Lächelns, sagte man, aber Margrit hätte diese Bezeichnung eher Kambodscha zugeordnet. Die Khmer, das Staatsvolk von Kambodscha, waren sehr offen und freundlich, ohne dabei Hintergedanken zu hegen. Das hatte sie in Asien nicht immer so erlebt. Damals ahnte Margrit noch nicht, welche Folgen der Aufruhr, der innerhalb ihrer Grenzen brodelte, in den folgenden Jahren auf ihr Leben haben sollte.

Da sie in Vietnam bereits einige Erfahrungen gesammelt hatte, wurde sie gefragt, ob sie bereit wäre, für einen weiteren sechsmonatigen Einsatz mit dem SRK nach Kambodscha zu gehen. Bisher hatten noch nie ausländische Kräfte im Kantha-Bopha-Kinderhospital in Phnom Penh gearbeitet. Nun sollte ein kleines erfahrenes Team, bestehend aus einem Arzt, einer Kollegin und Margrit, die Grundlagen für die allgemeine Versorgung der Patienten, Hygienemaßnahmen, die Medikation und die Ausbildung des örtlichen Personals schaffen. Während Margrit für längere Zeit dortbleiben sollte, planten der Arzt und die Kollegin nur einen Monat ein, der jedoch längst nicht ausreichte, um alles in gute Bahnen zu lenken.

Die ersten Tage waren für alle eine schreckliche Erfahrung. Margrit erkannte das tropische Paradies, in dem sie nur wenige Jahre zuvor Urlaub gemacht hatte, nicht wieder. Der Krieg, der von den Streitkräften der Roten Khmer begonnen wurde, hatte unglaublich viel Elend, Tod und Armut in das Land gebracht. Im Krankenhaus lagen halb verhungerte, abgemagerte und schmutzige Kinder ohne Matratze in rostigen Metallbetten. Den Babys hatte man nur einen alten, übel riechenden Lappen oder Papierfetzen unter den Popo geschoben, weil es keine Windeln gab. Neben jedem Kind saß oder lag jemand aus seiner Familie, in den meisten Fällen die Mutter.

Sie wiegten ihre schreienden Kinder und holten auf dem Markt vor dem Hospital etwas zu essen oder kochten selbst Reissuppe. All jene, die kein Geld hatten, warteten auf den riesigen Eimer voller Reis, den eine Hilfsorganisation jeden Tag vor dem Eingang des Krankenhauses bereitstellte. Wer kein Gefäß, keine Schüssel oder keine Büchse für die Lebensmittel besaß, bekam nichts.

Der Chefarzt war immer da und verschrieb Medikamente. Hin und wieder kamen einige andere Ärzte, um einen Blick auf die kleinen Patienten zu werfen, aber weil sie in ihren Praxen mehr verdienten als im Krankenhaus, fiel ihr Besuch immer sehr kurz aus.

MARGRIT ERKANNTE DAS TROPISCHE PARADIES, IN DEM SIE NUR WENIGE JAHRE ZUVOR URLAUB GEMACHT HATTE, NICHT WIEDER.

Viele Rezepte lagen nutzlos auf den Betten oder verschwanden in den Blusen der Mütter, weil sie die nötigen Medikamente selbst hier, in diesem angeblich angesehenen Krankenhaus, selbst bezahlen mussten, aber nicht das Geld dafür hatten. Ihre einzige Hoffnung waren die Medizinmänner mit ihren »Behandlungen«, doch diese hatten oft zur Folge, dass Kinder an schweren Infektionen starben.

Margrits vorrangige Aufgabe war, Medikamente zu beschaffen. Dafür mussten sie und ihre Kollegen und Kolleginnen sich erst einmal auf eine lange Suche machen, um herauszufinden, wo sie hergestellt wurden. Einiges orderten sie aus Thailand. Als Nächstes kam der Hygieneplan. Sauberkeit war ein schwieriges Thema, weil das Krankenhaus schmutzig und voller Kakerlaken und Ratten war. Dazu gab es lediglich eine einzige Spritze für jede Abteilung, was zu großen Abszessen und schrecklichen Infektionen führte.

Wo sollten Instrumente herkommen? Wie sollten sie sterilisiert werden? Wie sollten die Kinder gewaschen werden, wenn das niemand tun durfte, weil es angeblich die Geister störte? Als Buddhisten glaubten die Patienten, dass das Versorgen oder auch nur das Baden eines kranken Kindes die Geister in seinem Inneren störte, die die Krankheit ausgelöst hatten. Im Krankenhaus gab es darüber hinaus keine Waschbecken, keine Handtücher, keine Seife und oft auch kein Wasser. Die Herausforderungen waren überwältigend und keiner wusste, welche Probleme als Nächstes kommen würden. Fast keiner der zumeist ungebildeten Patienten sprach Französisch, was damals wegen der französischen Kolonialvergangenheit lange die beliebteste Fremdsprache gewesen war und bis in die 1970er-Jahre auch in Kambodschas gebildeten Kreisen gesprochen wurde. Die Medizinische Universität lehrte jedoch die Ärzte und Schwestern auf Französisch, was die Kommunikation der Schweizer mit dem Pflegepersonal sehr erleichterte.

Das Krankenhaus verfügte über eine kleine, unbenutzte und völlig heruntergekommene Küche. Aus dem Kühlschrank flitzten Ratten und Kakerlaken hervor. Mit Wassereimern und Lappen bewaffnet, reinigten Margrit und ihr Team zusammen mit den einheimischen Reinigungskräften systematisch sämtliche Räume. Dann musste die Küche, die Milchküche genannt wurde, funktionsfähig gemacht werden, um Wasser zu erhitzen. Pfannen, Babyfläschchen, Schüsseln und Schneebesen wurden benötigt, ebenso *Congee,* der kambodschanische Reisbrei, pürierte Karotten, Milchpulver, Proteinpulver und all die anderen Nahrungsmittel für die kranken Kinder und ihre Mütter. Am Ende verfügte das Team über eine brauchbare und passable Küche.

Wir besuchten auch den Zentralmarkt in Phnom Penh, um Matratzen und Nässeschutzmatten, Mülleimer und vieles mehr zu besorgen. Aus der Schweiz kamen Instrumente und Lehrbücher. All diese Erfolge waren eine große Freude für Margrit – vielleicht ließ sich die verzweifelte Situation doch noch zum Positiven verändern!

Nach einem Monat war die Zeit des ersten Teams zu Ende, doch Margrit blieb und das zweite Team reiste an, zunächst ein Arzt und eine Schwester aus der Schweiz und ein wenig später eine weitere Schwester, die zu ihrer besten Freundin werden sollte. Sie teilten die verschiedenen Aufgaben unter sich auf, was die Zusammenarbeit sehr erleichterte. Eine Schwester richtete in ihrem Zimmer eine Apotheke ein, damit die Angehörigen die verordneten Medikamente gratis abholen konnten. Margrits Freundin übernahm die Säuglingsstation, organisierte die Milchküche, sodass sie perfekt funktionierte, und brachte den einheimischen Frauen das Kochen und Putzen bei.

Margrit war für die Station mit den älteren Kindern verantwortlich. Sie achtete darauf, dass sie gut versorgt wurden und eine gute Hygiene herrschte. Die Aufgabe des örtlichen Personals war es, die Ausländer alles zu lehren, was sie in den alltäglichen Situationen berücksichtigen mussten, um der kambodschanischen Kultur gerecht zu werden und so den Menschen den angemessenen Respekt zu erweisen. Sie verteilten auch die Medikamente und steckten die Infusionen.

Eine schlanke, aber kräftige Frau, die sehr gut Französisch sprach, stellte sich dem kambodschanischen Arzt als Übersetzerin zur Verfügung. Da kaum jemand in und um Phnom Penh Französisch sprach, war sie auch auf öffentlichen Ämtern, auf Ausflügen, in Flüchtlingslagern oder bei Impfkampagnen eine große Hilfe. Der schweizerische Arzt war voller Tatendrang, er hatte viele Ideen und war stets zur Stelle, wo immer Hilfe benötigt wurde. Margrit empfand ihr Team als kameradschaftlich und äußerst kompetent, zumindest soweit man es unter diesen schwierigen Umständen erwarten konnte.

Von fünf Uhr nachmittags an durfte wegen der Bomben und Geschützfeuer niemand mehr auf die Straße gehen. Die Abende waren lang, aber das Team hatte oft eine schöne Gemeinschaft auf der Terrasse. Sie redeten, lagen in den Hängematten, aßen und sangen. Eine kambodschanische Kollegin kam oft mit ihrem Mann herüber. Sie hatten fünf Söhne und lebten darüber hinaus mit ihren Großeltern, Tanten und Onkeln zusammen, was typisch für die Landeskultur war. Sie waren immer darüber informiert, in welchen Gegenden man sich gerade gefahrlos aufhalten konnte, und begleiteten das SRK-Team auf kleine Ausflüge, auf denen es die unglaubliche Landschaft außerhalb der Stadt ein bisschen besser kennenlernte. Für die Arbeit in den ländlichen Gebieten war das Paar unersetzlich, weil es zwischen dem medizinischen Personal und den Patienten in den Dörfern vermittelte.

Da Margrit und ihre beste Freundin die kambodschanische Sprache lernen wollten, nahmen sie Unterricht bei einem freundlichen Herrn, der seinerseits sein Französisch verbessern wollte. Er brachte ihnen Sätze bei, die bei der Arbeit sehr halfen. So konnten sie ihren Patienten beispielsweise schon bald erklären, wie Fieber gemessen wurde, wie sie ihre Medizin einnehmen mussten und wie die Behandlungen durchgeführt würden. Das half sehr, Vertrauen zu gewinnen.

Doch immer noch waren die Möglichkeiten der Medikation und der Behandlung der Patienten sehr begrenzt und oft primitiv. Die Mütter benutzten zu einem Trichter gebogene Lotusblätter, um ihren Kindern Tabletten, Sirup und Zäpfchen zu verabreichen. Die Tabletten waren allesamt aufgeweicht und ihr bitterer Geschmack war so furchtbar, dass sich die meisten Kinder übergeben mussten.

In der Schwesternschule gab es Instrumente, Schüsseln und Seife, aber die einheimischen Schwestern wussten nicht damit umzugehen. Margrit konnte kaum glauben, dass ihnen das in der Schule nicht beigebracht wurde. Doch auch das musste das schweizerische Team lernen: Dies war nicht ihr Land, sie waren Gäste und mussten die Gastgeber und ihre Regeln respektieren, auch wenn es oft nervtötend und frustrierend war.

> DIES WAR NICHT IHR LAND, SIE WAREN GÄSTE UND MUSSTEN DIE GASTGEBER UND IHRE REGELN RESPEKTIEREN.

Eines Nachmittags besuchte Margrit zusammen mit dem schweizerischen Arzt und einer Übersetzerin die Flüchtlingslager im Umkreis von dreißig Kilometern von Phnom Penh. Sie durfte den VW-Bus zu einer kleinen Ambulanz umbauen und stattete ihn mit Verbandsmaterial, Untersuchungsinstrumenten, Medikamenten, Proteinpulver, Spritzen, Eimern, Waschschüsseln, sauberem Wasser und Lappen aus.

In jedem Lager wussten die Menschen, an welchem Tag das Team kommen würde. Dann reinigten sie eine Hütte, die zu einer

Art Poliklinik wurde, in der alle möglichen Arten von Erkrankungen behandelt werden konnten. Sobald das Team ankam, stellten sich die Menschen in einer Reihe vor dem Eingang auf. Der Arzt untersuchte sie einen nach dem anderen und verschrieb ihnen Medizin oder verabreichte ihnen eine Spritze. In den mitgebrachten Waschschüsseln reinigte Margrit die Wunden. Manchmal musste sie Patienten kahl rasieren, weil sich auf ihrem Kopf dicht an dicht so viele Läuse angesammelt hatten, dass sie fast eine zweite Kopfhaut bildeten.

Doch es gab auch schwer kranke Menschen, die nicht in der Lage waren, zur Hütte zu kommen, und deshalb nicht behandelt werden konnten. Nachdem Margrit die Sprache gelernt hatte, erlaubte man ihr, allein in die Flüchtlingslager zu gehen und diese Menschen aufzusuchen. Sie untersuchte sie, und wenn sie eine bestimmte Krankheit vermutete, schrieb sie diese zusammen mit der Nummer der Hütte auf einen Zettel. Ein kleiner Junge, der immer in der Nähe war, brachte den Zettel zu dem Arzt. Dieser schrieb dann seine Meinung und die nötige Medikation darunter und der Junge brachte ihn zu Margrit zurück.

Die meisten Menschen litten unter der sogenannten Beriberi-Krankheit, die durch einen lang andauernden Vitaminmangel verursacht wird. Wenn der Körper nicht annähernd genug Vitamin B_1 hat, führt das zu Nervenentzündungen und möglicherweise sogar zu Herzversagen. Viele andere waren schwer unterernährt und brauchten Milch- oder Proteinpulver. Am Ende sah der Arzt zusammen mit der kambodschanischen Schwester nochmals nach allen Patienten in ihren Hütten. Margrit lernte bei diesen Einsätzen vieles über Krankheiten, die sie bisher nur aus Lehrbüchern gekannt hatte.

Auch die Impfkampagne war eine Herausforderung für Margrit und das Team. Sie fand in verrauchten, schmutzigen und heruntergekommenen Lagerhäusern in den umliegenden Dörfern statt. Die Übersetzerin war eine große Hilfe, weil sie den Menschen erklären konnte, warum die Impfung notwendig war und welche Krankheiten sie verhinderte.

Margrits Aufgaben waren somit sehr vielfältig. Sie erfuhr von vielen Tragödien in den Familien, die behandelt wurden, und hörte schreckliche Geschichten, während sie offene Wunden verband. Ihr gingen die Bedingungen, unter denen diese Menschen lebten, und das Leid, das sie ertragen mussten, sehr zu Herzen. So viel Elend, letztlich verursacht durch einen Krieg, den andere über sie gebracht hatten.

Umkämpftes Kambodscha

Genozid ist eine Handlung, begangen in der Absicht, eine nationale, ethnische, rassische oder religiöse Gruppe ganz oder teilweise zu zerstören.
– Definition nach der gültigen UN-Konvention von 1948[2]

In den späten Sechzigern war die Hauptstadt Kambodschas, Phnom Penh, das damals die Perle Asiens genannt wurde, ein florierendes kulturelles Zentrum. Die jungen Menschen orientierten sich an der westlichen Mode und trugen langes Haar und Schlaghosen. Das war die Zeit, die als *Kambodschas goldenes Zeitalter* bekannt ist. Der kambodschanische Rock 'n' Roll erreichte seinen Höhepunkt. Die Khmer nahmen Coverversionen bekannter Songs auf, wie Nancy Sinatras *Bang Bang*, der von Pan Ron gecovert im ganzen Land bekannt wurde. Einige kambodschanische Musiker wurden schnell aus eigener Kraft zu Stars, wie die Legenden Sinn Sisamouth und Ros Serey Sothea, die *goldenen Stimmen Kambodschas*. Pan Ron erreichte insbesondere durch ihre provokativen Texte und manchmal anzüglichen Gesten auf der Bühne schnell einen hohen Bekanntheitsgrad. Sie war eine Pionierin für die Rechte der Frauen in einem Land mit strengen Geschlechterrollen, nach denen Frauen gegenüber Männern als minderwertig gelten. Diese Musiker öffneten ihrem Publikum durch die Kraft des Rock 'n' Roll die Augen für ganz neue Möglichkeiten.

Diese kulturellen und gesellschaftlichen Veränderungen wie auch der industrielle Fortschritt wurden während des Vietnamkriegs durch amerikanische GI-Radiosender angetrieben. Ironischerweise erlebte Kambodscha nach diesem ersten großen Schritt in Richtung Modernisierung durch diesen Konflikt einen schweren Rückschlag, der bald in einer kommunistischen Übernahme eskalierte. Im Jahr 1970 wurde König Sihanouk gestürzt und anstelle der Monarchie eine Republik etabliert. General Lon Nol hatte die Unterstützung der amerikanischen Regierung, während der König nach China ins Exil ging und sich zum Anführer der Roten Khmer, einer maoistisch-nationalistischen Guerillabewegung, erklärte. Doch das war nicht mehr als eine Bezeichnung. Der König hatte keine nennenswerte Macht mehr.

Kurz bevor Margrit im August 1973 nach Kambodscha zurückgekehrt war, hatte die Regierung aufgrund des Bürgerkriegs den Notstand ausgerufen. Guerillakämpfer nutzten die üppige Vegetation des Dschungels zu ihrem Vorteil. Die Gefechte wurden überwiegend zwischen den von Nordvietnam unterstützten Kommunisten der Roten Khmer und der nationalen, von Lon Nol geführten Armee ausgetragen. Begleitet von den Schreien der Affen über ihnen in den Bäumen krochen die Soldaten durch das Dickicht. Im gleichen Moment, wenn die Gegenseite die Kämpfer entdeckte, gab es schon einen Angriff, der die Soldaten erledigte.

Obwohl der Konsens außerhalb wie auch innerhalb Kambodschas lautete, dass sich die Kämpfe nicht auf das Land als Ganzes auswirken sollten, fürchteten sich alle vor den Bomben und Raketen. Von fünf Uhr nachmittags bis sechs Uhr morgens durfte niemand sein Haus verlassen. Die meisten Explosionen stammten von den Flächenbombardierungen der U.S. Airforce, die die Kommunisten in den Norden Kambodschas zurücktreiben und so ihr Eindringen nach Phnom Penh verhindern sollten. Lon Nol und seine Verbündeten befürchteten, dass es zu einer Katastrophe führen würde, sollte Phnom Penh den Roten Khmer in die Hände fallen. Sie sollten recht behalten.

Der Krieg wurde immer erbitterter. Mit jeder Stunde, die verging, wurden in den Gefechten noch mehr Menschen getötet und noch mehr Familien zerstört. Spätestens jetzt war es unmöglich geworden, den Krieg zu ignorieren. Lon Nol hatte sich selbst zum Premierminister der Khmer-Republik ernannt. König Sihanouk hatte die Nordvietnamesen in das Land gebracht und darüber hinaus – sehr zum Missfallen Lon Nols – die kambodschanischen Bürger dazu ermutigt, sich den Roten Khmer anzuschließen. Lon Nol setzte alles daran, die Vietnamesen zu vertreiben, aber er schien einen aussichtslosen Kampf zu führen, nicht nur im Hinblick auf die Vietnamesen.

Der Druck und die Panik in Phnom Penh nahmen zu. Die Menschen flohen, weil die Streitkräfte der Roten Khmer aus den Dschungeln, in die sie sich in den Jahren vorher zurückgezogen hatten, herauskamen und in die Stadt vorrückten. Immer mehr Ausländer – Journalisten, Lehrer, Pflegekräfte und Touristen – verließen die Stadt. Ihre Bewohner lebten in ständiger Furcht und das war auch gut so. Wer sich fürchtete, war vorsichtig, und vorsichtig zu sein bedeutete, am Leben zu bleiben.

Saloth Sar, der Anführer der ständig wachsenden Roten Khmer, der den Namen Pol Pot angenommen hatte, war skrupellos. Jeder vermied es, nur seinen Namen zu erwähnen, um in seiner Umgebung keine Panik auszulösen. Pol Pots Gräueltaten waren schnell berüchtigt und gingen für immer in die Geschichte ein. Sein Plan war es, Kambodscha von allen gebildeten und konterrevolutionären Elementen zu »reinigen«. Das schloss jeden ein, der auch nur ansatzweise über Bildung verfügte. Selbst Schüler der Mittelschule und der weiterführenden Schulen wurden als Staatsfeinde angesehen. Er wollte die Religion und jegliche Familienbande abschaffen. Stattdessen wurden alle Khmer der *Angkar*, dem allmächtigen, zentralisierten Ring der Roten-Khmer-Leiterschaft, unterstellt. Jetzt bestimmte die *Angkar* darüber, wie man seine Tage verbrachte, wen man heiratete, wo man lebte, wie viel Essen man bekam, wie viel man sprach, mit wem man sprach, wie man sich kleidete und wann man schlief – einfach alles.

WER SICH FÜRCHTETE, WAR VORSICHTIG, UND VORSICHTIG ZU SEIN BEDEUTETE, AM LEBEN ZU BLEIBEN.

Hausbesitzer, die Soldaten von Lon Nol sowie Regierungsbeamte, Lehrer, Ärzte, Mönche und sogar Brillenträger, denen unterstellt wurde, »Intellektuelle« und Gegner der *Angkar* zu sein, wurden verhört und ohne viel Federlesens getötet. Die Einwohner Kambodschas wurden von Pol Pots Handlangern so lange gefoltert, bis sie »zugaben«, aus Vietnam zu sein, damit sie einen Grund hatten, sie zu töten.

Auch in Margrits Hospital schlugen sich die Taten der Roten Khmer nieder. Je näher die Streitkräfte Pol Pots der Stadt kamen, umso mehr Gräueltaten geschahen und umso mehr Kinder wurden mit schweren Verletzungen – meist verursacht durch Schüsse oder Splitter von Explosionen – ins Hospital eingeliefert. Niemand wusste, wie lange es noch dauern würde, bis sie in die Stadt einfielen. Was würde dann passieren?

Die Nächte waren ruhelos. In den Straßen schrien Kinder, aus der Ferne ertönten Gewehrschüsse und überall liefen Menschen herum, die um Geld bettelten, damit sie aus der Stadt fliehen konnten. Das war das Sinnbild für das Leben in Phnom Penh. Margrit sollten diese Tage später als eine Zeit der permanenten Erschöpfung in Erinnerung bleiben. Das Leben einer Krankenschwester ist nie einfach, aber jetzt arbeitete Margrit in einem Kriegsgebiet. Der einst ruhige Ort, an dem sie nur wenige Jahre zuvor ihre freien Tage verbracht hatte, hatte sich in einen Albtraum verwandelt. Sie tröstete sich damit, dass die Lage kaum noch schlimmer werden konnte, ohne zu ahnen, dass der wahre Horror gerade erst begonnen hatte.

Am 17. April 1975 fiel Phnom Penh an die Roten Khmer. Diese bunt zusammengewürfelten Dschungelkämpfer hatten schließlich genug an Schwung gewonnen, um die amerikanischen Truppen aus der Hauptstadt und dem Land zu vertreiben. Die Roten Khmer begannen sofort mit der Zwangsevakuierung der Stadt. Sie sagten den Bürgern, dass sie die Stadt verlassen müssten, weil die Amerikaner Bomben darauf abwerfen würden, dass sie aber in drei Tagen zurückkehren könnten. Das war natürlich völliger Unsinn. Die folgenden vier Jahre waren von Folter, brutalen Morden, Hungertod und unvorstellbarer Grausamkeit geprägt.

Die Ärzte wurden umgebracht und jedem, der sich während der Übernahme durch die *Angkar* eine Krankheit zuzog, wurde eine Pseudomedizin verabreicht, von der man herausfand, dass es sich um Kaninchendung handelte. Männer und Frauen, sogar Ehepaare, wurden getrennt und die Kinder mussten in anderen Kommunen arbeiten als die Erwachsenen. Es wurden Massenhochzeiten abgehalten, in denen manchmal bis zu hundert Personen willkürlich verheiratet wurden. Einige der Menschen hatten das Glück, sich vorher wenigstens schon einmal begegnet zu sein, aber die meisten sahen sich während dieser Farce einer Hochzeitszeremonie zum ersten Mal. Wenn sie sich dagegen zur Wehr setzten, wurden sie getötet.

Das Schlimmste an der sogenannten kommunistischen neuen Ordnung, die von den Roten Khmer aufgestellt wurde, war die Tatsache, dass Khmer andere Khmer töteten. Selbst heute haben noch viele Menschen in Kambodscha damit zu kämpfen. Der Verlust menschlichen Lebens ist tragisch und solch eine Verschwendung! Eine extrem hohe Zahl der Überlebenden dieser Zeit leidet noch heute am posttraumatischen Belastungssyndrom und oft übertragen sich ihr irrationales Verhalten und ihre psychologischen Störungen auf ihre Kinder und Enkel. Das Echo der Schreckensherrschaft der Roten Khmer wird noch viele, viele Jahre lang nachhallen.

»Von 1975 bis 1979 töteten die Roten Khmer durch Exekution, Aushungern, Krankheiten und Zwangsarbeit geschätzte zwei Millionen Kambodschaner, fast ein Viertel der Bevölkerung des Landes … Wenn du in dieser Zeit in Kambodscha gelebt hättest, wäre meine Geschichte

[des Horrors, der Gewalt und der Heilung] auch deine Geschichte«[3], so drückt es die Autorin Loung Ung in ihrer Biografie aus.

Ich, Sophal, wurde in Kambodscha geboren und das macht diese Geschichte auch zu meiner Geschichte. Auch wenn ich vor der schlimmsten Zeit von Margrit außer Landes gebracht wurde – dazu im nächsten Kapitel. Was ich vorher von all dem Schrecken mitbekommen habe, weiß ich nicht mehr.

Wie ist es wohl meiner Familie während dieser turbulenten Zeit ergangen? Vielleicht hatten meine Eltern vorhergesehen, was sich zusammenbraute. Vielleicht wollten sie mir die Möglichkeit geben, ein besseres Leben zu haben. Wenn das der Fall war, trafen sie die richtige Entscheidung, denn so entkam ich dem kambodschanischen Genozid, der weniger als zwei Jahre nach meiner Geburt beginnen sollte.

Ein Baby namens Sophal

Das Schönste in Kambodscha ist nicht das Land – es sind die Menschen.

– Rithy Panh[4]

Es war gegen Ende des Jahres 1973, etwa zur Halbzeit von Margrits Vertrag, als eine Freundin sie eines Tages zu sich rief, weil sie auf den Eingangsstufen des Krankenhauses ein Baby gefunden hatte. Weit und breit war niemand zu sehen, zu dem es gehören könnte. Das Kind war etwa sechs Monate alt und lag in schmutzige Tücher gewickelt auf dem harten Boden. Auf ihrer Brust lag ein Zettel, auf dem in großen Buchstaben PEN-SOPHAL und ein Straßenname stand. An seinem linken Handgelenk trug das Baby ein hellblaues Plastikarmband.

Dieses Baby war ich, Sophal. Margrit erzählte mir später, dass sie und ihre Freundin mich in ein Bett legten und den Arzt aus ihrem Team holten, damit er mich untersuchte. Er stellte fest, dass ich eine Lungenentzündung hatte und unterernährt war, und ordnete eine Infusion an. An diesem Abend kam niemand, um nach mir zu sehen.

Wenn kranke Kinder ohne Eltern eingeliefert wurden, wurden sie alleingelassen. Niemand kümmerte sich um sie, sie bekamen kein Essen, niemand wiegte sie in seinen Armen und ihnen mangelte es an Zuneigung und Liebe. Margrit und ihre Freundin dachten darüber nach, wie sie für mich sorgen konnten, da nicht einmal die Mütter der anderen kleinen Patienten bereit waren, auf mich aufzupassen. Sie suchten auch in der ganzen Stadt nach der Adresse, die auf dem Zettel im Korb gestanden hatte, konnten sie aber nicht finden, nicht einmal mit der Hilfe der kambodschanischen Schwester. Es war, als würde die Straße nicht existieren. Sie musste außerhalb der Stadt irgendwo auf dem Land sein und war somit im Grunde unerreichbar. Die Chancen, die Eltern oder auch nur einen Verwandten zu finden, wurden immer geringer. Margrit ging der Schmerz nahe, den die Mutter dabei empfunden haben musste, solch ein zerbrechliches, verwundbares und halb verhungertes Baby auf den Stufen des Hospitals abzulegen, ohne zu wissen, welche Zukunft ihm bevorstand.

Auf dem Markt kaufte Margrit einen schönen Weidenkorb mit Henkeln, außerdem Flaschen, Lappen, Reis, Bananen und Kondensmilch. Nachts nahm sie mich mit in ihr Bett, das ich oft einnässte, weil es keine Windeln gab. Die Nächte waren sehr unruhig, ich wachte oft auf und schrie. Margrit gab mir dann Milch und sang mich wieder in den Schlaf. Sie selbst lag lange wach und quälte sich mit unzähligen Fragen herum. Was sollte sie nur mit dem Kind machen? War vielleicht ein Waisenhaus eine Möglichkeit? Doch gleichzeitig wusste sie, dass sie mich nicht weggeben wollte – sie konnte mich einfach nicht im Stich lassen.

An ihren freien Tagen ging Margrit immer mit mir auf den Markt. Sie hatte mich in ein Tuch gebunden, in dem ich auf ihrer

Hüfte saß. Die Marktfrauen fragten ständig: »Ist das dein Kind?« und: »Ist sie eine Khmer?«

Margrits Antwort war immer dieselbe: »Ihr Name ist Pen Sophal und ich suche nach ihrem Vater und ihrer Mutter. Kennst du dieses Baby?« Aber weder wusste jemand etwas von der Familie Pen noch kannte mich jemand.

Margrit hatte eine Freundin, Gerda Zecchini. Die beiden hatten ihre Ausbildung an derselben Schwesternschule absolviert. Gerda hatte 1967 Peter Gautschi geheiratet, aber die beiden Freundinnen waren die ganze Zeit über in Kontakt geblieben. Als Margrit noch in Vietnam gearbeitet hatte, hatte Gerda in einem Brief gefragt: »Kannst du uns ein Mädchen mit langem, glattem schwarzen Haar mitbringen? Wir können selbst keine Kinder bekommen.« Ihrem Mann und ihr war es immer sehr wichtig gewesen, nicht einfach ein Kind zu »kaufen«. Ihnen war es auch egal, ob es ein Junge oder ein Mädchen, krank oder gesund wäre. Damals hatte Margrit ihrer Freundin nicht helfen können. Nun hatte sie mich gefunden, aber wie hätte sie mich weggeben können? Sie liebte mich bereits so sehr, dass sie mich nicht mehr hergeben wollte. Sie wollte mich sogar selbst adoptieren, aber wie hätte sie mich allein aufziehen sollen? Andererseits: Wie konnte sie mich jemand anderem anvertrauen, selbst wenn es sich dabei um ihre beste Freundin handelte? All diese Fragen beschäftigten Margrit, wenn ich friedlich in ihren Armen einschlief.

Doch Margrit würde wieder in die Schweiz zurückkehren und dort war es nicht erlaubt, als alleinstehende Person ein Kind bei sich aufzunehmen, geschweige denn, es zu adoptieren. So musste sie, so schmerzhaft es auch war, ihre Träume und Pläne aufgeben.

Doch Sophal bedeutet *gute Ernte* und dieser Name sollte sich für mein Leben, für das Khmer-Baby, das Margrits Patentochter werden sollte, immer wieder als wahre Vorhersage erweisen.

Gerda und Peter waren liebevolle Menschen und wünschten sich ein Kind. Der Briefkontakt zwischen Margrit und ihnen wurde sehr intensiv. Das machte sie zu geeigneten Kandidaten für mich als Adoptiveltern. Als sie von mir hörten, waren sie mehr als bereit, mich zu adoptieren. Sie machten sich sofort daran, alles für meine Ankunft in der Schweiz und für die Adoption in die Wege zu leiten und sich mit allem auszustatten, was nötig war, um ein Baby zu versorgen. Peter Gautschi, mein Vater, erinnert sich noch heute an den Moment, als sie von mir erfuhren, und schrieb seine Erinnerungen so für mich nieder:

SOPHAL BEDEUTET *GUTE ERNTE* UND DIESER NAME SOLLTE SICH IMMER WIEDER ALS WAHRE VORHERSAGE ERWEISEN.

> Ich sprang vor Freude in die Luft und lief, so schnell ich konnte, zu Gerda. Wir feierten, weil wir sofort wussten, dass dieses kleine Mädchen für uns bestimmt war. Von diesem Zeitpunkt an taten wir alles, was in unserer Macht stand, um unser kleines Mädchen zu uns holen zu können, denn genau das war sie: unser Mädchen, unser kostbares Kind. Wir schlossen den Prozess in der Schweiz korrekt und so schnell wie möglich ab. Ich weiß noch, dass ich mich durch alle Regierungsebenen kämpfen musste, um die erforderlichen Dokumente zu bekommen. Zuerst die Kirche, dann die

Verwaltung des Kantons Zürich, die Bundesbehörde in Bern und schließlich die schweizerische Botschaft in Bangkok. Um den Überblick zu behalten, sorgte ich dafür, dass ich immer informiert war, wo und bei wem sich die Papiere gerade befanden. So konnte ich regelmäßig bei den betreffenden Stellen anrufen, wenn ich das Gefühl hatte, dass sie ein wenig Motivation brauchten.

In Kambodscha erlaubte unterdessen das SRK Margrit, mich vorerst bei sich zu behalten und ihren Arbeitsvertrag um drei Monate zu verlängern. In dieser Zeit kümmerte sie sich darum, einen Pass sowie eine Aus- und Einreiseerlaubnis für mich zu bekommen und den Flug in die Schweiz zu buchen. Um einen Pass für mich zu beantragen, brauchte sie ein ärztliches Attest und meine Geburtsurkunde. Der kambodschanische Arzt, der mich untersuchte, kam zu dem Schluss, dass ich sechs Monate alt sein musste. Nun lag es an Gerda, Peter und Margrit, mein Geburtsdatum festzulegen. Sie entschieden sich für den 1. August, den Bundesfeiertag in der Schweiz. Der Arzt legte mich Margrit in die Arme und sagte zuversichtlich: »Cent percent Khmère – sie ist zu hundert Prozent eine Khmer.« Das machte Margrit stolz – ihr Kind war ein Khmer-Mädchen. Bis zum heutigen Tag nennt sie mich »mein Kind«.

Alle aus dem Team liebten mich. Es fand sich immer jemand, der mich auf dem Schoß hielt, mich herumtrug oder mit mir spielte. Den Erzählungen nach liebte ich es besonders, in einer mit Wasser gefüllten Wanne oder mit Margrit zusammen im Swimmingpool herumzuplanschen. Davon gibt es heute noch ein Bild und auch einen kurzen Film, den Margrit Gerda und Peter schickte. Für Margrit waren diese schönen Momente wie eine Wiedergutmachung für all die traurigen Dinge, die sie jeden Tag im Krankenhaus und in den Flüchtlingslagern erlebte. Im Rückblick drückt sie es so aus: »Sophal war wie ein Sonnenstrahl in der Finsternis des schrecklichen Leids, das wir überall um uns herum sahen.«

Margrit kaufte eine Metallwiege mit Matratze und Nässeschutzmatte, die sie neben ihr Bett stellte. Wenn ich nachts weinte, konnte sie die Wiege einfach mit dem Fuß anschubsen und mich in den Schlaf wiegen.

Für jedes Dokument, das Margrit besorgen musste, waren offizielle Unterschriften und Stempel nötig und für alles musste sie ein Bestechungsgeld zahlen. So blieb ihr am Ende kaum noch Geld übrig. Wenn sie tagsüber arbeitete, sahen die Haushälterin oder die Reinigungskräfte gegen eine geringe Bezahlung nach mir. Wenn Margrit die umliegenden Lager besuchte, konnte sie mich jederzeit der Obhut ihrer besten Freundin überlassen.

Die Beziehung zwischen Margrit und dieser Freundin war während ihrer gemeinsamen Zeit beim SRK in Kambodscha immer enger geworden. Margrit hatte sie damals vom Flughafen abgeholt und fühlte sich mit ihr sofort verbunden, da sie einen ganz ähnlichen schweizerischen Dialekt sprach. Dazu kam sie aus demselben Dorf in der Schweiz wie Margrits Vater. Die beiden arbeiteten gut zusammen und teilten ihren Kummer, ihre Freude und ihre Triumphe. Sie waren einander stets liebevolle und verständnisvolle Freundinnen. Wenn Dinge passierten, die ihnen schwer zu schaffen machten, sei es ein neuer Ausbruch von Gewalt während des Kriegs oder der Abschied von Kollegen, die wieder in die Schweiz zurückkehrten, schlossen sie sich zusammen auf der Toilette ein und weinten. Das war ihr geheimer Zufluchtsort.

Tatsächlich dauert ihre Freundschaft noch heute an, wo Margrit schon über achtzig Jahre alt ist. Auch wenn die Corona-Pandemie ihr gewohntes Leben völlig auf den Kopf gestellt und persönliche Treffen schwieriger gemacht hat, sind sie durch Videoanrufe in Kontakt geblieben.

Bald war die gemeinsame Zeit in Kambodscha vorüber. Schweren Herzens verabschiedete sich Margrit von dem Team und all den Angestellten aus dem Krankenhaus. »Lebe wohl, mein geliebtes Kambodscha.« Diesen Satz wiederholte sie immer wieder in ihrem Herzen, als sie sich mit mir am 18. März 1974 erst einmal nach Bangkok aufmachte. Dort sollte Margrit die Ausreiseerlaubnis und die Einreisegenehmigung für die Schweiz erhalten. Leider waren die Papiere noch nicht eingetroffen. Weil sie kein Englisch sprach, machte sie sich mit ihrem Koffer und meinem wackligen Kinderwagen auf die Suche nach der schweizerischen Botschaft. Auf dem Weg dorthin fragte sie sich laut: »Was soll ich jetzt tun?«, während ich mit großen, dunklen Augen zu ihr aufblickte. »Deine Eltern erwarten uns schon bald auf dem Flughafen in der Schweiz.«

In der Botschaft half man ihr, Peter und Gerda ein Telegramm in die Schweiz zu schicken, das diese darüber informierte, dass sie in Bangkok noch auf die Papiere warten müsse. Wir übernachteten in einem billigen Hotel. So langsam ging Margrit das Geld aus, deshalb gab es nur Kokosnüsse vom Markt zu essen. Da sie weder Geschirr noch Besteck hatte und ich keine Flasche annahm, saugte Margrit die Kokosmilch mit einer Art Strohhalm heraus und flößte sie mir ein.

Sie legte das Gesicht in die Hände und versuchte, tief zu atmen, um ihre Kräfte zu mobilisieren. Sie würde auch das noch durchstehen! Wer einige Zeit in Asien gelebt hat, kehrt unweigerlich mit einer neuen Portion Stärke und Geduld wieder zurück.

Nach vier langen, erschöpfenden Tagen, am 22. März 1974, informierte man Margrit schließlich darüber, dass die Einreisegenehmigungen eingetroffen seien. Die Botschaft organisierte einen Flug und am 23. März sollten wir endlich in der Schweiz ankommen. Margrits Freude und Erleichterung waren unbeschreiblich. Sie schickte Nachrichten an ihre Schwester sowie an Peter und Gerda, in denen sie mitteilte, dass wir bald eintreffen würden. Sie konnte es kaum erwarten, wieder zu Hause zu sein, doch gleichzeitig wurde ihre Begeisterung von dem Wissen überschattet, dass es ihr das Herz brechen würde, wenn sie sich von Sophal trennen müsste.

Im Flugzeug verwöhnten mich die Stewardessen offenbar regelrecht. Sie trugen mich herum, wenn ich nicht schlief, und wir bekamen einen Riegel schweizerische Schokolade und eine gute Mahlzeit. Margrit hatte schon tagelang nichts Richtiges mehr gegessen. Alles erschien ihr so rein und still, doch obwohl sie wusste, dass sie ihre Familie bald wiedersehen würde, wurde ihr Herz immer schwerer.

Während wir auf unser Gepäck warteten, entdeckte Margrit durch die Glasscheibe meine neue Eltern. Peter und Gerda erwarteten uns mit offenen Armen. Langsam reichte Margrit mich ihnen, wobei sie noch für einem Moment mein Kleidchen festhielt.

»Dieses Gefühl möchte ich nie wieder haben«, erinnert sich Margrit noch heute. »Mein Herz zersprang in Millionen Teile. Aber zu lieben bedeutet auch, zu teilen und loszulassen. Das sind die besten Erinnerungen, die ich habe, und ich werde sie wie ein kostbares Geschenk für immer in mir tragen.«

Auch für meine Eltern war dieser Moment ein ganz besonderer, wie sich mein Vater erinnert:

> Die Fahrt zum Flughafen war die längste Fahrt meines Lebens. Mir gingen unaufhörlich Fragen durch den Kopf, wie: »Was ist, wenn ihnen die Einreise in die Schweiz nun doch noch verweigert wird? Wird Sophal uns lieben?«
> Doch endlich kamen sie an! Die Freude in meinem Herzen, als Margrit mit der kleinen Sophal aus der Lobby trat und auf uns zuging, war unbeschreiblich. Ich werde nie den Moment vergessen, in dem Sophal ihre kurzen, kleinen Arme ausstreckte und sie um meinen Nacken schlang. In diesem Moment wurden wir zu den glücklichsten Menschen auf der Erde. Das hübscheste, liebenswerteste Mädchen der Welt war jetzt unsere neue Tochter! Margrit hat diese Aufgabe wunderbar bewältigt. Wir können ihr nie genug danken.
> An diesem Abend dauerte es nicht lange, bis wir merkten, welche Auswirkungen der Krieg in Kambodscha auf unsere kleine Sophal gehabt hatte. Wir konnten sie keine Minute lang allein lassen, und sei es nur, um in die Küche zu gehen und ihre Milch warm zu machen. Sie fing sofort an zu weinen. Das brach mir das Herz. Sie lachte erst wieder, wenn einer von uns sie auf den Arm nahm und festhielt. Als wir sie dann bettfertig gemacht hatten, fühlte sie sich wohl und hörte auf zu weinen. In dieser ersten Nacht sprachen Gerda und ich noch sehr lange darüber, welche Freude sie

uns gebracht hatte. Das war der glücklichste Tag meines Lebens.

Später machten meine Eltern Margrit ein großes Geschenk, indem sie ihr ermöglichten, meine Patentante zu werden. Margrit hatte mit der Kinderlosigkeit einen hohen Preis für ihr damals unkonventionelles Leben gezahlt. Der Schmerz ihrer Trennung von mir blieb, auch als die Wunde verheilt war, immer dumpf und pochend in ihr. Gleichzeitig war ihr klar, dass sie die richtige Entscheidung getroffen hatte. Heute hat sie sich entschieden, nach vorne zu schauen und damit den Blick von der Vergangenheit zu lösen.

Zurück in der Schweiz machte Margrit es sich zur Aufgabe, über die Geschehnisse in Kambodscha auf dem Laufenden zu bleiben. Es schien ihr unvorstellbar, dass an einem Ort, an dem sie selbst gelebt hatte, solche Gräueltaten geschahen. Sie hatte in Phnom Penh unzählige Schreckensszenarien hautnah miterlebt, doch selbst diese hielten einem Vergleich mit dem, was sie jetzt hörte, nicht stand. Die Taten von Pol Pots Regime erschütterten ihren Glauben an die Menschheit zutiefst.

Obwohl sie unendlich erleichtert darüber war, jetzt weit entfernt von dem Chaos und dem Blutvergießen zu sein, regten sich auch Schuldgefühle in ihr. Sie war eine der wenigen gewesen, die dem Maul des Löwen entkommen waren, bevor seine Kiefer zusammenschnappten. Doch sie hatte mich mitgenommen, um mir ein neues Leben zu ermöglichen.

Margrit erschauerte, als sie darüber nachdachte, was hätte passieren können, wäre ich ein oder zwei Jahre später geboren worden. Dann wäre sie nicht dort gewesen, um sich um das hilflose Baby zu kümmern und mir eine Familie zu geben. Es fiel ihr schwer, die Gedanken um das Was-wäre-wenn abzuschütteln.

Schließlich beschloss Margrit, einfach dankbar für ihre Situation zu sein – und dafür, dass ich diesem Albtraum entkommen war. Annähernd zwei Millionen Menschen – einer von vier Kambodschanern – wurden getötet, »aber«, sagte sich Margrit aufatmend, »Sophal war nicht unter ihnen.«

Unbeschwerte Kindheit

Ihr werdet die Wahrheit erkennen, und die Wahrheit wird euch frei machen.
– *Johannes 8,32*

Gott hat alles erschaffen. Nichts von alledem, was jetzt besteht, ist ohne ihn entstanden. Diese Verheißung versichert mir, dass ich kein Fehler bin. Ich soll hier sein, ich bin ein Teil des Ganzen. Das gilt für jeden von uns.

Obwohl es mir als Kind schwerfiel zu akzeptieren, dass ich aus einem Land stammte, das weit von der Schweiz entfernt war, und dass meine Haut dunkler war als die all meiner Freunde in der Schule, genoss ich eine unbeschwerte Kindheit. Ich wuchs in einer kleinen, am Rhein gelegenen Stadt namens Eglisau auf, etwa dreißig Autominuten von Zürich entfernt. *Egli* ist der schweizerische Name für einen Flussbarsch, sodass man den Namen der Stadt auch mit *Fischschwein* wiedergeben könnte. Ich habe keine Ahnung, warum der Ort einen so seltsamen Namen hat, und ich dachte nie viel darüber nach, bis ich einem Nicht-Schweizer erklärte, was er bedeutete. Ich muss heute noch lachen, wenn ich daran denke. Meine kleine Fischschwein-Stadt!

Unser Haus lag in der Nähe des Rheins und ich erinnere mich noch daran, wie ich dort schwimmen lernte. In einem Sommer gewann ich sogar einen Schwimmwettbewerb für die schnellste Durchquerung des Rheins von einem Ufer zum anderen.

Als Kind fuhr ich normalerweise mit dem Fahrrad zur Schule. Der Weg führte über die Rheinbrücke, doch als diese saniert wurde, mussten wir mit einem Boot über den Fluss übersetzen. Das war in der Zeit, als ich auf die Sekundarschule ging.

Meine Eltern waren sehr liebevoll und kümmerten sich ausgezeichnet um mich. Sie sorgten dafür, dass ich eine gute Bildung erhielt und meine Hobbys betreiben konnte. Ich hatte eine schöne Kindheit. Bis ich auf die Sekundarschule kam, lebten wir in einem Wohnkomplex, und ich weiß noch, wie ich stundenlang mit meinen Freunden draußen spielte. Oft vergaßen wir die Zeit und ich ging erst hinein, wenn meine Mutter mich zum Abendessen rief. Ich erinnere mich auch noch daran, wie ich mich im Kindergarten zum ersten Mal verliebte und wie ich unsere Stadt und die umliegende Natur erforschte.

Jeden Montag kam ein Wagen mit frischen Backwaren und Milch in die Nachbarstraße. Dann hing stets ein fantastischer Duft in der Luft. Obwohl sich das jede Woche wiederholte, war die Vielfalt der Backwaren – von Krapfen, Donuts und Croissants sowie Sauerteig- und Weizenbrot bis hin zu *Millefeuille*, der köstlichen, geschichteten Cremeschnitte – jedes Mal wieder neu und aufregend für mich und verlor nie seinen Reiz.

Auch von dem Migros-Supermarkt, in dem wir unsere Lebensmittel kauften, kam jede Woche ein Verkaufswagen in unsere Gegend. Dort konnten wir alles kaufen, was wir für die Woche brauchten. Wir gingen nicht oft aus zum Essen – meine Eltern waren in dieser Hinsicht sehr praktisch veranlagt. Auf dem Wagen befand sich stets eine große Auswahl an Obst- und Gemüsesorten der Saison – Kartoffeln, Karotten, Kürbis, Tomaten, Kohl, Spinat, Zwiebeln Knoblauch, Lauch, Gurken und alle Kräuter und Gewürze, die man sich nur denken kann, sowie Äpfel, Zitronen, Bananen, Melonen, Erdbeeren, Heidelbeeren und einige andere Beeren, deren Namen ich noch nie gehört hatte. Auch unsere Eier kauften wir dort. Darüber hinaus boten sie auch Fleisch an, doch dieses kauften wir bei dem Metzger am Ort. Mein Vater liebt Fleisch jeglicher Art, sei es Rindfleisch, Schweinefleisch oder Hähnchenschenkel – einfach alles, das er auf den Grill legen kann. Im Gegensatz dazu isst meine Mutter am liebsten Obst und Gemüse. Wir alle liebten es, frisches Brot und Käse zum Frühstück zu essen. Mein Vater toastete das Brot oft und strich Gänseleberpastete darauf.

Alles, was wir nicht am Truck des Supermarkts bekamen, kaufte meine Mutter im Laden ihrer Mutter, die einen für diese Zeit typischen Dorfladen besaß. Es war nur ein einziger Raum mit unverderblichen Lebensmitteln wie Nudeln, Reis, Zucker und Salz, es gab aber auch Obst und Gemüse, das sie mit einer altmodischen Kaufmannswaage mit Gewichten abwog und in grünlich-braune Papiertüten einpackte, die sie eigens für diesen Zweck kaufte. Neben den Lebensmitteln verkaufte meine Großmutter auch einige beliebte Zeitungen und Zeitschriften, die in einem Regal an der Wand aufgereiht waren. Wenn neue Waren hereinkamen, legte meine Großmutter sie ins Schaufenster, um potenzielle Kunden anzulocken. In dem angrenzenden Lagerraum stand ein kuscheliges Sofa und ich weiß noch, dass ich dort viele Stunden saß und Micky-Maus-Hefte las. Wenn neue herauskamen, bekam ich immer die vorherigen Ausgaben. Auf der Verkaufstheke meiner Großmutter stand ein wahres Ungetüm einer Kasse – ein uraltes und unglaublich schweres Relikt. Wenn die Schublade aufging, ertönte ein lautes Ping. Neben der Kasse standen große Gläser mit Schokolade und Bonbons, aus denen ich mich regelmäßig bediente.

Ich denke gerne an eine Tradition zurück, die wir zu Hause hatten, als ich noch ein Kind war. Meine Mutter kochte jeden Mittwoch Spaghetti und Chicken-Nuggets. Das allein war noch nichts Besonderes, aber sie führte die Tradition ein, dass wir jeden Mittwoch mit den Fingern aßen! Nach all den Jahren bin ich immer noch begeistert von Spaghetti und muss lächeln, wenn ich daran denke, welches Gelächter es jedes Mal hervorrief, wenn wir versuchten, die langen Fäden mit den Fingern in unseren Mund zu befördern. Falls du dich fragen solltest, ob ich diese Tradition in meiner eigenen Familie fortgesetzt habe: Nein, das habe ich nicht, aber die Erinnerung daran macht mir immer noch Freude. Wenn ich dann dank eines gut gefüllten Magens glücklich und zufrieden war, bekam ich zum Dessert immer ein cremiges *Schoggistängeli*, das ich mit dem Kopf auf dem Schoß meiner Mutter genoss. Ich liebte unser Mittwochsritual. Alles war perfekt.

Jeden Samstag half meine Mutter ihrer Mutter in ihrem Lebensmittelgeschäft. An diesen Tagen machte mein Vater immer Ausflüge mit mir. Wir erkundeten die schöne Landschaft in der Umgebung oder fuhren mit dem Auto irgendwohin, nur er und ich. Das war immer eine wunderbare Zeit. Ich habe so viele Erinnerungen wie diese, voller Frieden und Zufriedenheit. Aber niemandes Kindheit besteht nur aus Sonnenschein und Schweizer Schokolade.

NIEMANDES KINDHEIT BESTEHT NUR AUS SONNENSCHEIN UND SCHWEIZER SCHOKOLADE.

Ich wuchs als Einzelkind auf und wir hatten so gut wie nie Gäste. Der Gedanke, Fremden oder sogar Engeln in unserem Haus

Gastfreundschaft zu gewähren, war mir in meiner Kindheit völlig fremd. Das ist auch einer der Gründe, warum ich später als junge Erwachsene so an Annelies' Lippen hing, als sie auf der Explo sprach. So etwas hatte ich noch nie erlebt. Während ich ihr zuhörte, dachte ich daran zurück, wie ich aufgewachsen war und wie sehr sich unser gesellschaftliches Leben zu Hause von dem unterschied, was sie erzählte. Was ich hörte, veränderte meine eigene Haltung. Wenn ich einmal meinen eigenen Haushalt hätte, so nahm ich mir vor, würde ich Gäste stets willkommen heißen. Mein Haus sollte ein sicherer Ort sein, der immer voller Menschen war.

Genau so leben wir heute. In den sechsundzwanzig Jahren, die wir jetzt verheiratet sind, hatten wir immer Gäste in unserem Haus, die mit uns gegessen und, wo immer genug Platz war, auch bei uns übernachtet haben. Diese Tradition haben wir auch beibehalten, nachdem wir nach Kambodscha gezogen sind. Mit dem Auszug der Kinder, die immer auch ihre Freunde mitgebracht haben, fühlt sich unser Haus jetzt sehr leer an. Auch wenn wir noch viele Gäste beherbergen, fehlt das Lebhafte der Kinder und ihrer Freunde. Eltern können sich sehr einsam fühlen, wenn ihre Kinder das Nest verlassen haben.

Eine meiner größten Leidenschaften in meiner Jugend war die Jungschar, eine Jugendgruppe ähnlich der Pfadfinderbewegung. Jeden zweiten Samstagnachmittag versammelte sich in einem Haus neben der Kirche eine Gruppe von fünf- bis zwölfjährigen Kindern und einigen Teenagern, die als Leiter fungierten. Sie hießen uns stets herzlich willkommen. Wir unterhielten uns eine Weile, sangen ein paar Lieder und dann erzählten die Leiter uns spannende Geschichten aus der Bibel. Was mich dabei jedoch weit mehr faszinierte als die Geschichten selbst, war die unglaubliche Kreativität, mit der sie die verschiedenen Szenen und Bilder vor unserem geistigen Auge lebendig werden ließen. Wenn die Geschichte zu Ende war (für meinen Geschmack meist viel zu schnell!), sangen wir noch ein weiteres Lied. Dann sagte uns der Gruppenleiter, was wir den Rest des Nachmittags noch unternehmen würden.

Wir machten Schnitzeljagden in den Wäldern, bauten Baumhäuser, schwammen im Rhein, stiegen in ein Boot und versuchten, Fische zu fangen. Wir bauten Flöße, auf denen wir uns den Fluss hinuntertreiben ließen, spielten Fußball, Hockey und Basketball, kochten uns über einem Lagerfeuer im Wald Essen und wanderten durch die Natur. Im Winter, wenn es schneite, bauten wir Schneemänner und fuhren mit Schlitten die schneebedeckten, eisigen Hügel hinunter, bis wir unsere Finger nicht mehr spürten. Die Leiter bereiteten oft heißen Tee oder Punsch für uns, damit wir uns wieder aufwärmen konnten. Die Jungschar war nie langweilig! Ich liebte die Samstagnachmittage.

Unsere Leiter waren wunderbare Vorbilder für Akzeptanz und Gastfreundschaft, was ein weiterer Grund dafür war, dass es mich dort hinzog. Wie schon gesagt, war in unserem Haus selten jemand außer uns dreien. In der Jungschar war ich willkommen und lernte, auch andere bedingungslos willkommen zu heißen. Das hat meine Persönlichkeit und mein Leben als Erwachsene stark geprägt.

DIE JUNGSCHAR WAR NIE LANGWEILIG! ICH LIEBTE DIE SAMSTAGNACHMITTAGE.

Als ich vierzehn oder fünfzehn war, fragten mich die Leiter, ob ich gerne die Gruppe der Fünfjährigen übernehmen wolle. Das war das erste Mal, dass sich mir eine solche Möglichkeit bot. Weil die Zeit, die ich selbst als Teilnehmerin der Jungschar erlebt hatte, so schön und ideenreich gewesen war, kopierte ich alles, was meine eigenen Leiter getan hatten. So baute ich ein Boot aus Pappkartons, füllte es mit all meinen Stofftieren von zu Hause und erzählte den Kindern Noahs Geschichte.

Eines Tages ging ich zu einem Fischhändler und kaufte einige große Fische, die ich dann in einen Brunnen setzte, damit die Kinder sie fangen konnten. Als wir nach einer kleinen Wanderung dort ankamen, sagte ich: »Seht nur, da sind Fische! Wir sollten sie fangen und dann braten.« Das gestaltete sich jedoch schwerer, als ich gedacht hatte. Die Fische schossen so blitzschnell durch das Wasser, dass es selbst in diesem kleinen Brunnen eine Herausforderung war, sie auch nur für länger als eine Sekunde zu sehen. Nachdem es dennoch einigen Kindern gelungen war, einen Fisch zu fangen, stellte sich die Frage: Wie sollten wir sie jetzt töten? Aber dann fiel mir ein: Wir konnten ihre Köpfe auf den Rand des Brunnens schlagen. Damit war das Problem gelöst. Nachdem wir die Fische ausgenommen hatten, machten wir ein Feuer, auf dem wir sie brieten, und genossen die kleine Mahlzeit zusammen.

Das alles mag heute, rund dreißig Jahre später, übertrieben klingen – aber wir waren in der Jungschar! Wir unternahmen oft derartige Aktivitäten. Ich liebte es, mit den Kindern draußen zu sein, und es begeisterte mich, eine Leiterin zu sein und meiner Kreativität freien Lauf zu lassen. Und es schien, als hätten die mir anvertrauten Kinder dabei genauso viel Spaß wie ich.

Eines Tages kam ich auf die großartige Idee, etwas zu töpfern. Ich probierte alle möglichen Gefäße aus – Schalen, Vasen und einige andere nicht ohne Weiteres definierbare Dinge. Wie schon gesagt, hatte meine Großmutter einen kleinen Dorfladen, wo meine Mutter manchmal aushalf. Am folgenden Samstag begleitete ich sie, statt wie gewohnt einen Ausflug mit meinem Vater zu machen. Ich packte alle meine Tongefäße vorsichtig in Zeitungen ein und nahm sie mit in den Laden. Dort angekommen, bat ich meine Großmutter, sie vor ihrem Laden verkaufen zu dürfen. Mein Plan war, das Geld, das ich mit dem Verkauf meiner Kunstwerke verdiente, an das Kantha-Bopha-Hospital in Kambodscha zu schicken, wo man mich gefunden hatte.

Zu meiner Überraschung hielt meine Großmutter das für eine sehr gute Idee und so baute ich aus Bananenkisten einen provisorischen Verkaufsstand. Außerdem schrieb ich auf ein Schild, dass ich den ganzen Verkaufserlös an Not leidende Kinder in Kambodscha spenden würde. Schon bald hatte ich meine ersten Kunden. Gut, ich gebe zu, in Wirklichkeit waren es Großmutters Kunden, die auf dem Weg zu ihrem Lebensmitteleinkauf an mir vorbeigingen. Aber die meisten von ihnen hielten an und hörten höflich zu, wenn ich ihnen meine Bitte vortrug. Manche kauften etwas, andere drückten mir nur ein wenig Geld in die Hand. Ich war sehr glücklich und dachte: Ich kann dazu beitragen, die Not der Kinder in Kambodscha ein wenig zu lindern.

Gerechtigkeit gehörte schon immer zu den Dingen, die mir in meinem Leben am wichtigsten waren. Ich weiß immer noch nicht genau warum, aber ich nehme an, das ist deshalb der Fall, weil mir, als ich noch sehr klein war, große Ungerechtigkeit widerfuhr. Vielleicht geht es dir wie mir – wenn ich etwas sehe, von dem ich weiß, dass es nicht fair ist, setzt das ein Feuer in mir in Brand, das mich dazu antreibt, alles zu tun, um die Dinge richtigzustellen.

Schon in meiner Grundschulzeit kämpfte ich gegen Ungerechtigkeit an. Es war unerträglich für mich, wenn ein Kind schlecht behandelt wurde und die Lehrer einfach nichts dagegen unternahmen. Ich konnte das nicht mit ansehen. Während der Grundschule gingen die Schüler zum Mittagessen nach Hause. Fast ein halbes Jahr lang passten mich auf meinem Heimweg jeden Tag große Jungen ab und verprügelten mich. Selbst wenn ich einen Umweg machte, spürten sie mich auf, und wenn ich versuchte, vor ihnen wegzulaufen, holten sie mich stets ein. Ich erzählte nie jemandem davon. Das war mein Geheimnis.

An einem Samstag in der Jungschar hörte ich von einem Jesus, der den Menschen hilft, wenn sie durch ein dunkles Tal gehen. Der Kampf gegen meine Peiniger war für mich definitiv ein dunkles Tal. Also änderte ich meine Strategie. Ich begann zu beten, wenn ich meinen Heimweg antrat. Plötzlich war von den großen Jungen nichts mehr zu sehen. Sie standen nicht mehr hinter jeder Ecke, um mich so lange mit ihren Fäusten zu traktieren, bis ich zu Boden ging und in den Schmutz fiel. Sie waren einfach nicht mehr da. Dadurch bekamen die Geschichten, mit denen ich in der Jungschar aufgewachsen war, eine ganz neue Bedeutung für mich. Sie wurden zu den festen Grundsätzen, nach denen ich mein Leben lebte. Ich begriff, dass diese Lehren viel mehr waren als nette Geschichten über Begebenheiten aus der Vergangenheit, die uns Kindern ein gutes Gefühl vermitteln sollten. Sie waren Wegweiser für das reale Leben, und wenn ich sie umsetzte, merkte ich, dass sie mir halfen, über das, was ich direkt vor Augen hatte, hinauszusehen.

Ich wuchs in einer Gemeinde der Landeskirche auf. Diese Kirchen werden heute von vielen jungen Menschen als altmodisch angesehen. Sie schließen sich stattdessen Freikirchen an oder kehren der Kirche ganz den Rücken. Viele landeskirchliche Pastoren scheinen mit Jesus nicht viel am Hut zu haben und mehr auf das Amt bedacht zu sein. Glücklicherweise war unser Pastor ein gläubiger Christ und unsere Kirche sehr lebendig.

Da meine Mutter in der Sonntagsschule unterrichtete, besuchte ich diese praktisch vom Babyalter an. Bereits kurz nachdem meine Eltern mich nach Eglisau gebracht hatten, wurde ich mit Wasser, das auf meine winzige Stirn geträufelt wurde, getauft. Am selben Tag vertraute meine Mutter Gerda Jesus ihr Leben an. War die Taufe noch ein bloß äußerliches Zeichen gewesen, wurde in der Jungschar die innere Grundlage für meine Beziehung mit Jesus gelegt. Als ich dann vierzehn Jahre alt war, wurde diese Beziehung für mich zur Realität.

Meine Freundinnen und ich besuchten eine wunderbare Evangelisation, die in einem Zelt in einer nahe gelegenen Stadt abgehalten wurde. Zu dieser Zeit wurde oft in Zelten gepredigt, wie auch heute noch an vielen Orten der Welt. Die Prediger reisten von Stadt zu Stadt, um den Menschen die gute Nachricht von Jesus zu bringen und ihnen zu sagen, wie sie eine Beziehung zu ihm aufbauen konnten. Sie erklärten ihnen, dass die Menschen von Gott getrennt seien, weil er vollkommen sei und sie nicht. Gott habe aber beschlossen, sich wieder nach den Menschen auszustrecken, indem er Jesus, seinen Sohn, auf die Erde sandte. Jesus war und ist vollkommen, so ihre Predigt, und aus Liebe zu uns nahm er große Qualen und schließlich den Tod auf sich. Doch Gott weckte ihn von den Toten auf und bietet uns jetzt an, eine liebevolle Beziehung mit ihm einzugehen. Wir müssen ihn nur darum bitten.

Ich war damit aufgewachsen, jede Woche in die Kirche zu gehen, und hatte immer geglaubt, Jesus nahe zu sein, doch dieser Abend hielt eine völlig neue Erfahrung für mich bereit. Ich habe keine Ahnung, worüber der Prediger damals sprach. Ich weiß nur noch, dass mein Herz heftig schlug, und ich spürte, wie sich Hitze in meinem Körper ausbreitete. So etwas hatte ich noch nie erlebt. Es war, als sei der Geist Gottes mit uns in diesem Zelt. Dann wurde mir klar, dass ich mein ganzes Leben lang zwar viel über Gott gewusst, ihn aber nicht persönlich gekannt hatte.

ICH HATTE IMMER GEGLAUBT, JESUS NAHE ZU SEIN, DOCH DIESER ABEND HIELT EINE VÖLLIG NEUE ERFAHRUNG FÜR MICH BEREIT.

»Siehe, ich stehe vor der Tür und klopfe an. Wenn jemand mich rufen hört und die Tür öffnet, werde ich eintreten, und wir werden miteinander essen«, zitierte der Pastor Vers 20 aus dem dritten Kapitel der Offenbarung. Dann lud er die Menschen ein: »Wenn ihr Jesus euer Leben anvertrauen und ihn als euren Herrn und Retter annehmen wollt, kommt nach vorn.«

Meine Cousine, die an diesem Abend neben mir saß, sah mich an und sagte: »Lass uns zusammen gehen.«

Während uns im Bewusstsein all unserer Fehler und Sünden Tränen über die Wangen liefen, gingen wir Hand in Hand nach vorn. Wir bekannten unsere Sünden und nahmen Jesus als unseren Retter an. Plötzlich fühlte ich mich leichter, besser, glücklicher und mutiger. Damals begriff ich noch nicht, was es bedeutete, Jesus ohne Wenn und Aber nachzufolgen. Ich hatte noch keine Erfahrung damit, seine Stimme zu hören und an die Orte zu gehen, an die er uns ruft. Doch seit diesem Abend hat er mir unzählige Möglichkeiten gegeben, mich darin zu üben. Darüber werde ich in den nächsten Kapiteln noch ausführlicher berichten. Wie ich heute weiß, hat Jesus uns nie versprochen, dass unser Leben mit ihm einfach sein würde. Aber er hat uns versprochen, in jedem Leid und jeder Not, jeder Herausforderung und jeder Tragödie, die wir durchstehen müssen, an unserer Seite zu sein. Er teilt jede Freude und jedes Leid mit uns und es gibt kein Gefühl, das ihm fremd ist.

Als ich etwa 16 Jahre alt war, zogen wir als Familie um in ein Haus. In der Schweiz – wie auch in vielen anderen Orten Europas, die schon jahrhundertelang besiedelt sind – ist es sehr schwer, ein Haus zu bekommen. Es stehen nur wenige zum Verkauf, weshalb sie sehr teuer sind. Obwohl mein Vater schon jahrelang auf ein Haus gespart hatte und schon lange über das nötige Geld verfügte, konnte er das Haus mit dem dazugehörigen Grundstück erst dann kaufen. Bald darauf begann ich meine Berufsausbildung.

Mein Vater war IT-Projektleiter bei der größten Zeitung in Zürich, dem *Tages-Anzeiger*. Ich interessierte mich für Satz und Grafikdesign und so bewarb ich mich dort um einen Ausbildungsplatz und wurde eingestellt. Heutzutage wird in vielen Ländern der Welt, vor allem in den Vereinigten Staaten, von den Menschen erwartet, dass sie nach der Schule auf die Universität gehen, doch in der Schweiz war das damals nicht der Fall. Viele junge Leute bewarben sich nach oder schon vor ihrem Schulabschluss um einen Ausbildungsplatz in dem von ihnen bevorzugten Berufsfeld. Die

Universität war denjenigen vorbehalten, die Theologie oder Medizin studieren wollten. Meine Ausbildung bei der Zeitung begann 1989 und endete 1993. Ich war zuständig für den Satz der Artikel und das Layout der Seiten. Dafür benutzte ich eine Fotosatzmaschine, die aussah wie zwei kleine Computerbildschirme über einem großen Prozessor. Außerdem musste ich mich auf einem der ersten Macintosh-Computer einlernen, da wir in der Ausbildung beide Maschinen beherrschen mussten.

Es war eine duale Ausbildung, ich war also zwei Tage in der Woche in der Schule und die restlichen Tage im Ausbildungsbetrieb. Im Schulunterricht lernten wir viel über Grafikdesign und Kunst mit dem Fokus auf Schriftsätzen und Buchstaben. Wir erfuhren einiges über die Geschichte von Schriften und Buchstaben und wie man mit ihrer Hilfe schöne Kunstwerke erstellen kann. Selbst heute noch fällt es mir sofort auf, wenn der Satz oder das Layout eines Textes nicht gut gemacht ist. Es gibt immer eine Möglichkeit, einen Text zu einem Kunstwerk zu machen, nur weiß nicht jeder, wie das funktioniert.

Für den praktischen Teil meiner Ausbildung in dem Zeitungsverlag kam ich alle paar Monate oder spätestens nach einem halben Jahr in eine andere Abteilung. Dort, wo mein Vater arbeitete, lernte ich beispielsweise das Schriftsetzen. Davor hatte ich an einer kleinen örtlichen Zeitung mitgearbeitet, die nur freitags erschien. Wir nutzten unser Wissen von Schriften und Layouts, um Buchcover, Namenskarten, Banner und alle möglichen anderen gedruckten Materialien zu entwerfen. Eine Zeit lang arbeitete ich in der Abteilung eines Modemagazins. Einmal musste ich zusammen mit einer Kollegin den Entwurf einer Zeitung Korrektur lesen. Wir lasen uns gegenseitig die verschiedenen Textspalten vor, um eventuelle Fehler zu finden. Das war sehr ermüdend und zählte definitiv nicht zu meinen Lieblingsarbeiten.

Ich muss gestehen, dass ich für eine Setzerin und Grafikdesignerin unglaublich schlecht im Tippen war. Über den Sommer musste ich mit zusätzlichem Unterricht meine Leistung verbessern. Des Weiteren lernte ich, einen Mikrofilm zu erstellen. Dafür tippte ich den betreffenden Text in eine digitale Setzmaschine und druckte ihn anschließend auf einen Film aus, der, damit er nicht dem Licht ausgesetzt war, in einer Filmrolle aufbewahrt wurde. Dann entwickelte ich den Film in einer Dunkelkammer, schnitt die verschiedenen Abschnitte aus und legte sie auf eine Folie, wo sie festklebten wie in einer Collage. Der letzte Schritt bestand darin, diese auf eine weitere Folie zu kopieren, wodurch die zusammengeklebte Version überflüssig wurde – und fertig war der Mikrofilm!

Ich lernte unglaublich viel während der vier Jahre meiner Ausbildung und machte, je nachdem, in welcher Abteilung ich gerade war, die unterschiedlichsten Erfahrungen. Ich bin sehr dankbar für alles, was ich lernen durfte, auch wenn mittlerweile einiges davon verblasst ist.

Am Ende meiner Ausbildung nahm ich an der Gautschen-Zeremonie teil, einer jahrhundertealten Tradition der Buchdrucker. Dieses Ritual, das von dem Gautschmeister geleitet wird, durchläuft jeder Auszubildende kurz vor seinem Abschluss. Da der Nachname meines Vaters Gautschi lautet und er einer der Geschäftsführer der größten Zeitung des Verlages war, wurde stets er für diese Rolle ausgewählt, doch er beklagte sich nie darüber. Im Gegenteil: Er nahm seine Rolle als Gautschmeister sehr ernst. Im Rahmen der Zeremonie werden alle Auszubildenden auf einer Bühne, einem großen Fass oder manchmal sogar einem Abfallcontainer versammelt. Dann schüttet der Gautschmeister jedem von ihnen mehrere Eimer Wasser über den Kopf, um sie von jedem Schreibfehler und jedem anderen Fehler, den sie im Lauf ihrer Ausbildungszeit gemacht haben, zu reinigen. Ich muss heute noch lächeln, wenn ich daran denke, wie ich nass und zitternd, aber zugleich freudig und erleichtert, dass ich die Ausbildung geschafft hatte, neben meinen Kollegen stand.

Zu dieser Zeit war ich neunzehn Jahre alt und meine Beziehung zu Jesus war immer realer und immer wichtiger für mich geworden. Ich war nach wie vor Leiterin in der Jungschar und je mehr ich dort in meine Rolle hineinwuchs, umso mehr erkannte ich, dass mir die Taufe, die ich als Baby in der Kirche erhalten hatte, nicht ausreichte, um meine Hingabe an Jesus nach außen hin zu zeigen.

ES WAR AN DER ZEIT, MICH JESUS NOCHMALS GANZ NEU HINZUGEBEN, INDEM ICH MICH TAUFEN LIESS.

Inzwischen hatte ich ND kennengelernt und wir hatten uns während unserer beider Ausbildungszeit regelmäßig getroffen. Auch mein Besuch im ICF hatte mich in meinem Entschluss bestärkt, dass es an der Zeit war, mich Jesus nochmals ganz neu hinzugeben, indem ich mich taufen ließ.

Ich wurde im Rahmen eines Taufgottesdienstes des ICF im Zürichsee getauft und mit mir eine Person, die meinem Herzen sehr nahestand: meine Mutter! Gerda war nie getauft worden, obwohl sie Jesus ihr Leben schon fast zwei Jahrzehnte zuvor anvertraut hatte. Es erfüllte mich mit Stolz und Freude, zusammen mit meiner Mutter, dieser freundlichen und wunderbaren Seele, die immer mein Vorbild für eine gottesfürchtige Frau gewesen war, getauft zu werden.

Wir wurden ins Wasser getaucht, und als wir wieder auftauchten, fühlten wir uns erneuert, ganz nah bei Jesus und bereit für den nächsten Schritt in unserem Leben. Was immer er für uns vorbereitet hatte – wir sagten Ja dazu.

Auf der Suche nach Identität

So spricht der Herr, der dich geschaffen und gebildet hat und dir vom Mutterleib an beisteht: »Hab keine Angst, Jakob, mein Diener. Jeschurun, den ich erwählt habe.«

– Jesaja 44,2

Im Lauf der Zeit wurde mir klar: Niemand hat ein einfaches Leben. Letztendlich dreht sich alles darum, wie wir die Karten, die uns gegeben wurden, ausspielen. Manche Menschen bekommen ein schlechtes Blatt und werfen daraufhin kapitulierend die Hände in die Luft und lassen den Kopf hängen. Sie sind besiegt, noch bevor das Spiel begonnen hat. Ihre natürliche Reaktion besteht darin, einfach aufzugeben, ohne einen Gedanken daran zu verschwenden, dass sich etwas ändern könnte. Aber Veränderung ist möglich! Der erste Schritt, um irgendetwas zu verbessern, besteht darin, daran zu glauben, dass wir es können.

Ich möchte nie so reagieren. Obwohl ich, wie sicher manche Menschen denken, einen schwierigen Start im Leben hatte, habe ich mich dafür entschieden, meine Umstände anzunehmen, sie zu meistern und zu heilen. Ich weigere mich aufzugeben und ich weigere mich, mir mein Leben und mein Schicksal von den Erwartungen anderer Menschen diktieren zu lassen.

Die Menschen haben oft ihre eigenen Vorstellungen davon, wie ein adoptiertes Kind sein und wie es sich verhalten sollte, wie seine Sehnsüchte und Träume aussehen sollten und welche Verletzungen und Narben es haben muss. Sie sind der Meinung, dass wir unseren Adoptiveltern ewig dankbar sein und nie vergessen sollten, welche »Opfer« sie bringen mussten, um uns aus den schwierigen Umständen, in die wir hineingeboren wurden, herauszuholen.

Natürlich ist es richtig, dass jedes adoptierte Kind seine eigenen Verletzungen hat, die heilen müssen. Dennoch ist es nicht fair, uns nach klischeehaften Vorstellungen zu beurteilen oder uns vorzuschreiben, wie wir denken oder fühlen sollten. Adoptivkinder sind Menschen wie alle anderen auch. Ich bin meinen Eltern und meiner Patentante extrem dankbar. Ich hätte mir keine bessere Familie vorstellen können. Ich bin genauso dankbar und fühle mich genauso geliebt wie jedes andere Kind, das großartige Eltern hat. Und das nicht nur, weil sie mich adoptiert und mir ein Leben geschenkt haben, das so völlig anders war als jenes, das mich sonst erwartet hätte, sondern auch, weil sie wunderbare Menschen waren, die mich lehrten, Gott und andere Menschen zu lieben, und auch mich immer geliebt haben, wie ich bin.

In der Schweiz aufzuwachsen war, wie eine neue Seite in meinem Leben zu beginnen. Meine Eltern erzählten mir nicht viel über meine Wurzeln und ehrlich gesagt, fragte ich auch nicht danach. Natürlich sah ich mit meinem runden Gesicht, meinen dunklen Augen, dem pechschwarzen Haar und der dunkleren Hautfarbe anders aus als die meisten Schweizer und ich wurde oft gefragt, wo ich herkäme. Obwohl ich wusste, was sie meinten, antwortete ich meistens: »Ich bin aus der Schweiz.« Irgendwann ging ich dazu über, zu sagen: »Ich wurde in Kambodscha geboren, aber ich bin hier aufgewachsen.« Die Menschen sind immer neugierig, wenn sie herausfinden, dass jemand adoptiert wurde. Sie meinen es gut (zumindest die meisten von ihnen), aber für mich ist das kein Thema, das ich mit Fremden diskutieren will. Oft ist diese Frage die erste, die andere Menschen mir stellen, um mit mir ins Gespräch zu kommen. Doch wenn man für einen Moment darüber nachdenkt, müsste man zu dem Schluss kommen, dass dieses Thema sehr persönlich und deshalb nicht dafür geeignet ist, um mit jemandem Kontakt zu knüpfen oder sich mit ihm anzufreunden. Das Problem ist jedoch, dass sich die meisten Menschen keine Gedanken darüber machen, welche Gefühle ihre Fragen hervorrufen oder welche Wunden sie damit wieder aufreißen könnten.

Im Gegensatz zu vielen anderen Adoptivkindern, die ich kenne, fragte ich nicht nach meinen leiblichen Eltern. Ich weiß bis heute nichts über sie und an diesem Punkt in meinem Leben möchte ich dieses Kapitel nicht öffnen. Im Moment weiß ich nicht, ob ich je dazu bereit sein werde. Ich habe wundervolle Eltern, die mich von Herzen lieben, einen Mann, mit dem ich mein Leben und meine Liebe teile, zwei wunderbare Kinder und die Church. Ich leite ein Hilfswerk und eine Firma hier im schönen Kambodscha. Was sollte ich noch mehr wollen? Für mich ist meine Herkunft nur ein kleiner Teil meiner Geschichte – einer Geschichte, die mit Margrit und ihrer Fürsorge für mich ihren Anfang nahm. Der Tag, an dem sie

DER TAG, AN DEM MARGRIT MICH VON DEN STUFEN DES HOSPITALS AUFHOB, IST DER TAG, AN DEM MEIN LEBEN BEGANN.

mich von den Stufen des Hospitals aufhob, ist der Tag, an dem mein Leben begann.

Auch wenn ich früher so dachte und es heute immer noch tue, frage ich mich manchmal, ob mein Leben anders verlaufen wäre, wenn ich nach meinen leiblichen Eltern gesucht hätte. Das scheint eine gemeinsame Reise der meisten Adoptivkinder zu sein. Tatsächlich glaube ich, dass nur sehr wenige diese Reise nie antreten. Aber lassen sich dadurch Verletzungen heilen? Um ganz ehrlich zu sein: Ich glaube nicht, dass die tiefen emotionalen Wunden in meinem Herzen ohne Jesus je hätten geheilt werden können. Ich habe Dutzende Bücher von Sozialarbeitern, Therapeuten, Psychologen, Seelsorgern und anderen Menschen, die adoptiert wurden, gelesen. Doch all diese Geschichten und Ratschläge bieten keine wirkliche Lösung. Das Fazit am Ende dieser Bücher, am Ende jeder Reise zu sich selbst, ist immer dasselbe: Wir wissen nicht, wie wir Heilung erlangen können. Wir kennen keine geheime Formel, mit deren Hilfe sich die Wunden, die die Ereignisse in unserer Vergangenheit in uns geschlagen haben, schließen. Wir wissen nicht, was wir unternehmen könnten, um uns ganz, geliebt, hoffnungsvoll und geheilt zu fühlen.

Als junge Frau war ich es irgendwann leid, immer wieder dasselbe zu hören, während sich mir die Lösung geradezu aufdrängte: die nie endende Liebe Jesu. Auch sie ist kein Zaubertrank, der sofort alles auslöscht, was uns quält. Wir müssen Zeit, Mühe und Liebe in diese Beziehung investieren, damit sie gut funktioniert, genauso wie in jede andere Beziehung. Die Beziehung zwischen dir und Jesus lässt sich mit einer Pflanze vergleichen, die man hegt und pflegt, damit sie wächst – und damit meine ich eine Pflanze, die mehr Aufmerksamkeit braucht als ein Kaktus!

Wenn du beispielsweise eine Orchidee ignorierst, wird sie ziemlich schnell welken und sterben. Aber wenn du jeden zweiten Tag einen Eiswürfel in den Topf legst, der sehr langsam schmilzt, sodass die Orchidee nicht zu viel Wasser bekommt, hat die Pflanze, was sie braucht. Doch das erfordert Fürsorge, Aufmerksamkeit und Zeit. Jeder Gärtner wird dir sagen, dass Liebe, Glaube, Zeit und Aufmerksamkeit dazu beitragen, dass Pflanzen gut wachsen. Dasselbe gilt für unsere Beziehung mit Jesus. Er ist immer da und wartet geduldig. Er hat die Beziehung zu uns bereits begründet, indem er sein Leben für uns hingegeben hat, doch er drängt sich uns nie auf. Er wartet, bis wir den ersten Schritt machen, um unsere Beziehung mit ihm aufzubauen und zu pflegen.

Mit derselben Methode gelingt es uns, langsam zu heilen und den Weg einzuschlagen, der für uns vorbereitet wurde. Es ist hart, ein Adoptivkind zu sein, aber es ist auch hart, ein Immigrant, ein alleinerziehender Elternteil, eine Studentin, ein Kind, ein Mensch zu sein. Niemand hat gesagt, dass das Leben einfach ist. Aber wir können auf das Fundament, das uns gegeben wurde, aufbauen und in diesem Leben erfolgreich sein. Und mit »Erfolg« meine ich nicht, dass wir viel Geld oder materiellen Besitz haben, dass wir viele Kinder haben oder die ganze Welt bereisen. Wir sind dann erfolgreich, wenn wir uns selbst und unser Leben von ganzem Herzen annehmen und leidenschaftlich lieben. Was mich angeht, konnte ich nur dadurch vollkommen annehmen, wer ich bin, indem ich Jesu Hand ergriff, die er nach mir ausstreckte.

Erst als ich schon siebenunddreißig Jahre alt war, suchte ich Rat bei einer Seelsorgerin. Das mag dich vielleicht überraschen. Vielleicht fragst du dich: »Warum so spät? Und warum brauchtest du überhaupt Seelsorge?« Doch das war der Punkt in meinem Leben, an dem ich geistig reif genug war, um zu erkennen, dass das nötig war, um meine bewussten wie meine unbewussten Gefühle, die das Wissen um meine Adoption in mir ausgelöst hatte, zu verarbeiten. Zu dem Zeitpunkt wusste ich auch, dass ich das nicht allein schaffen konnte. Ich war schon früher bei Seelsorgern gewesen, doch hatte ich dieses Thema nie zur Sprache gebracht.

Wie du weißt, hatte ich Jesus schon einige Zeit vorher in meinem Leben angenommen, aber ich wusste immer noch nicht, wie ich ihm die Wunden, die meinem Herzen in der Vergangenheit zugefügt worden waren, hinlegen konnte. Ich war ja nicht einmal sicher, ob sie überhaupt da waren. Aber ob wir sie nun fühlen können oder nicht – jedes Adoptivkind führt seine ganz eigenen Kämpfe. Manche tragen sie ganz offen aus und suchen intensiv nach einer Lösung, um die Verwirrung und vielleicht auch die Leere in ihrem Inneren zu beseitigen. Andere – wie ich – deuten diese Zeichen und Gefühle falsch und machen andere Dinge dafür verantwortlich.

Ich dachte, wenn ich nur mein Aussehen verbessern, meine Frisur in Ordnung bringen, ein wenig an Gewicht verlieren oder meine Art, mich zu kleiden, ändern würde, könnte ich mich akzeptieren. Aber natürlich funktionierte nichts von alledem. Schließlich gestand ich mir meine Gefühle ein und gab sie Jesus. Die Seelsorge half mir, meine Gefühle als das zu sehen, was sie waren – die Bestürzung darüber, ausgesetzt und verlassen worden zu sein. Dieses Gefühl verspüren alle Adoptierten irgendwann in ihrem Leben.

Es half mir sehr, dass meine Gefühle, die ich so viele Jahre lang immer wieder verdrängt hatte, sobald sie an die Oberfläche kamen, jetzt einen Namen hatten.

Ich traf mich nur ein paar wenige Male mit der Seelsorgerin. Wir führten vier, vielleicht auch fünf Gespräche. Irgendwann sagte sie mir, dass auch sie adoptiert worden war und denselben Schmerz verspürte wie ich. Wenn ich keine Tränen mehr hatte, weinte sie für mich – und wahrscheinlich für sich selbst. Sie betete für mich und lud den Heiligen Geist ein dazuzukommen.

Dann fragte sie mich: »Was zeigt Gott dir gerade?« Und Gott zeigte mir, dass er von dem Moment meiner Zeugung an immer da gewesen war. Es gab nur eines, das ich unbedingt von ihm wissen wollte. Meine Seelsorgerin ermutigte mich: »Frag ihn. Was willst du von Jesus wissen?« Und so öffnete ich mich ihm und stellte ihm die Frage, die mir schon mein ganzes Leben lang auf der Seele brannte.

Ich fragte: »Jesus, wo warst du, als ich halb verhungert, durstig, weinend und von aller Welt verlassen in dem Korb auf den Stufen vor dem Hospital lag?« Zu meiner Überraschung bekam ich auf diesen Schrei meines Herzens sofort eine Antwort. Jesus sagte: »Sophal, ich war die ganze Zeit bei dir. Hast du nicht gehört, wie ich dir ein Schlaflied gesungen habe, um dich zu trösten, damit du einschlafen konntest? Ich habe dich nie verlassen. Ich war immer bei dir.« Während mir Tränen über das Gesicht liefen, spürte ich den Trost und die Liebe, die von ihm ausging und sich auf uns legte wie eine Decke. Jetzt endlich wusste ich: Jesus war immer bei mir gewesen, selbst als ich ihn noch nicht kannte. Aber er kannte mich.

JESUS SAGTE: »SOPHAL, ICH WAR DIE GANZE ZEIT BEI DIR.«

Manchen Menschen wird es vielleicht schwerfallen zu verstehen, warum ich mich mit diesen Gefühlen herumplagte, obwohl ich eine schöne Kindheit hatte. Doch es spielt keine Rolle, wie jemand aufwächst, weil die Gefühle, die er in sich trägt, meist unabhängig von seinen Umständen sind. Deshalb kann jemand, der alles Geld der Welt besitzt, trotzdem todunglücklich sein und jemand, der buchstäblich nichts besitzt, vor Glück strahlen wie die Sonne. Glaube mir, ich habe schon beide Arten von Menschen gesehen. Ich war sehr gesegnet und es fehlte mir an nichts. Doch das bedeutete nicht, dass ich mich automatisch ganz und vollkommen sicher fühlte.

Ich musste vergeben und meine Seelsorgerin half mir dabei. Ich hatte die Vergebung Jesu angenommen und nun war es an mir zu vergeben – zunächst einmal mir selbst für meine Unzulänglichkeiten und meine Selbstzweifel. Darüber hinaus musste ich auch anderen Vergebung gewähren. Ich musste meinen leiblichen Eltern vergeben, dass sie mich verlassen hatten, ich musste meinen Adoptiveltern vergeben, dass meine Herkunft immer ein Tabuthema war, und ich musste allen vergeben, die mich mit ihren Fragen und Klischees verletzten, auch wenn das nicht ihre Absicht war.

Am schwersten von alledem fiel es mir jedoch, mir selbst zu vergeben und meinen Zorn und meine Verletzungen loszulassen, doch das war sehr wichtig. Schließlich sagt man, Unversöhnlichkeit zu hegen ist, wie wenn man Gift trinkt. Wenn wir über schwierige Umstände und die Verletzungen, die andere uns zugefügt haben, hinauswachsen und sie endgültig hinter uns lassen wollen, ist Vergebung der erste Schritt. Aber – darin werden mir sicher viele zustimmen – es ist auch der schwerste. Wir müssen uns jedoch bewusst machen, dass wir nur uns selbst schaden, wenn wir nicht vergeben, denn die anderen spüren unseren Schmerz nicht. Unsere Vergebung nimmt ihnen die Macht, unser Leben zu beeinflussen.

Des Weiteren musste ich lernen, die Liebe meiner Adoptiveltern anzunehmen. Als ich noch ein Kind war, war das kein Problem. Aber als mir meine Situation immer bewusster wurde und ich versuchte, meine wahre Identität zu finden, konnte ich die Liebe meiner Eltern nicht mehr so bedingungslos annehmen wie zuvor. Es war, als wolle ich nicht zulassen, dass sie mich vollkommen liebten. Ich hielt einen Teil von mir zurück, weil ich glaubte, ihre unerschütterliche Zuneigung und ihr Verständnis nicht zu verdienen.

Ich glaube, so geht es vielen, wenn nicht sogar allen Adoptivkindern, wenn sie älter werden. Wir denken viel mehr nach und nehmen die Liebe nicht mehr mit kindlicher Hingabe an. Wir glauben, wir müssten uns beweisen, um diese Liebe zu verdienen. Das ist auch der Grund, warum es so schwierig sein kann, die Liebe Jesu anzunehmen: Er fordert keine Gegenleistung von uns. Seine Liebe ist ganz und gar bedingungslos, unendlich viel mehr, als es die Liebe unserer Familien oder aller anderen Menschen, die uns an ihrem Leben teilhaben lassen, jemals sein könnte.

Familie muss nicht immer aus Eltern und Kindern bestehen. Familie können auch andere Menschen sein, die du dafür auswählst, wie zum Beispiel enge Freunde, Geschwister oder Menschen, die ihr Leben für dich hingeben würden. Familie sind die Menschen, die wir lieben und die uns lieben. Die Redensart *Blut ist dicker als Wasser* wird oft so interpretiert, dass die Familienbande stärker sind als jede andere Beziehung. Tatsächlich lautet die Redensart jedoch ursprünglich: *Das Blut des Bundes ist dicker als das Fruchtwasser.* Damit hat sie genau die gegenteilige Bedeutung. Unsere engsten Beziehungen haben wir mit den Menschen, die wir uns erwählen und die wir lieben, nicht mit jenen, in deren Familie wir hineingeboren wurden. Jesus lädt uns ein, Teil einer Familie zu sein, die für immer bestehen wird, und wir müssen nichts tun, um uns seine Liebe zu verdienen.

Ich glaube, das ist der Punkt, den viele Menschen nur schwer akzeptieren können. Auch in den Beziehungen zu denen, die uns am nächsten stehen, und sogar in unserem Job glauben wir, wir müssten etwas tun, um uns der Aufmerksamkeit der Menschen und der Position, die uns bei unserer Arbeit übertragen wurde, als würdig zu erweisen. Aber Tatsache ist, dass wir als Menschen einfach Liebe verdienen. Punkt.

Mir wurde klar, dass ich von meinem Schmerz, inmitten eines Bürgerkriegs auf den Stufen eines Hospitals ausgesetzt worden zu sein, nur dann wirklich geheilt werden konnte, wenn ich mein Herz öffnete und bereit war zu vergeben. Ich war zornig auf meine Adoptiveltern, dass sie mir so viel von meiner Vergangenheit vorenthielten, ich war zornig auf mich selbst, weil ich zornig auf sie war, und ich war definitiv zornig auf meine leiblichen Eltern. Warum hatten sie mich einfach weggeworfen wie ein gebrauchtes Papiertaschentuch? Liebten sie mich nicht? Mir hätte alles Mögliche passieren können. Wollten sie mich denn nicht schützen?

Aber durch die Vergebung, die Jesus mir gewährte, konnte ich schließlich auch anderen Menschen vergeben, was sie mir angetan und welche Entscheidungen sie getroffen hatten, ohne dass ich darauf hätte Einfluss nehmen können. Es gelang mir sogar, die Dinge von ihrem Standpunkt aus zu betrachten. Was meine Adoptiveltern Peter und Gerda betraf, hatten sie nur versucht, mir Schmerz zu ersparen, indem sie mir die Details meiner Vergangenheit vorenthielten. Sie taten es aus Liebe. Alle guten Eltern tun, was sie für das

Beste für ihr Kind halten, ob dem nun tatsächlich so ist oder nicht. Als ich das verstand, trug es dazu bei, meine Wunde zu schließen.

Und je mehr ich meine leiblichen Eltern durch die Linse des Mitgefühls und der Vergebung betrachtete, umso mehr konnte ich ihre Entscheidung als eine Verzweiflungstat anerkennen. Vielleicht war es ihr allerletzter Ausweg gewesen, mich auf den Stufen des Hospitals zurückzulassen, wo sie wussten, dass man mich finden und sich um mich kümmern würde. Vielleicht konnten sie nicht für mich sorgen und mir nicht das Leben geben, das sie sich für mich wünschten, und so standen sie vor der schwersten Entscheidung ihres Lebens.

DURCH DIE VERGEBUNG, DIE JESUS MIR GEWÄHRTE, KONNTE ICH SCHLIESSLICH AUCH ANDEREN MENSCHEN VERGEBEN.

Im Lauf der Zeit vertrieben diese Gedanken mein Gefühl der Ablehnung und meinen Zorn und schließlich konnte ich heil werden. Der Zorn drückte mich nieder wie ein Stein, doch nachdem ich ihn besiegt hatte, fühlte ich mich leicht wie eine Feder. Genauso können wir unsere Furcht ans Kreuz bringen und Freiheit dafür erhalten. Wir können alle negativen Gedanken und Gefühle, jeden Schmerz und jedes Hindernis, das sich vor uns auftürmt, vor dem Kreuz niederlegen und Jesus schenkt uns dafür Freude, Licht und seine Gegenwart. Was könnte es Besseres geben?

Deshalb glaube ich, dass es uns nur gelingt, zu vergeben, die Umstände unseres Lebens zu akzeptieren und schließlich heil zu werden, wenn wir eine Beziehung mit Jesus haben. Er bringt uns Wahrheit und Licht, durch ihn werden alle Verletzungen offenbar und keine von ihnen ist zu groß, dass er sie nicht heilen könnte. Nachdem ich Dutzende von Büchern gelesen und bei unzähligen anderen Quellen Hilfe gesucht hatte, begriff ich schließlich: Nur Jesus kann uns Ganzheit und Heilung geben. Er hat mir die Augen geöffnet, sodass ich die Dinge so sehen konnte, wie sie wirklich waren, statt durch den Filter meines Zorns und meines Schmerzes. Dadurch konnte ich sowohl die Entscheidung meiner Adoptiveltern als auch die meiner leiblichen Eltern akzeptieren und schließlich weitergehen und zu der Person werden, als die Gott mich erschaffen hat.

Ich bin Sophal, eine ganz gewöhnliche Frau, die von einem außergewöhnlichen Gott geführt wird, und ich erhebe meine Stimme für die Menschen in Kambodscha, die keine Stimme haben. Mein Name bedeutet *gute Ernte* und das ist es, was Gott mir in meinem Leben und meiner Arbeit für ihn schenkt. Ich bin Sophal! Das möchte ich laut in den Himmel rufen, während ich vor Freude tanze, weil ich weiß, dass ich frei, ganz und geliebt bin.

An diesem Punkt angelangt, unterzog ich mein Leben einer Prüfung. Welche Eigenschaften und Gewohnheiten hatte ich, die für mich und die Menschen um mich herum nützlich waren? Welche meiner Gewohnheiten waren destruktiv? Ich wollte ganz bewusst aufhören, die Dinge einfach geschehen zu lassen, und anfangen, sie selbst zu steuern, um in meinem Umfeld positive Veränderungen zu bewirken.

»Sei stark!«, sagte ich mir. »Die Selbstmitleidsparty ist vorüber!« Es war so befreiend für mich, zu erkennen, dass ich selbst bestimmen konnte, welche Einstellung ich hatte, und dass ich mich von innen nach außen verändern konnte. Ich wollte mein von Gott gegebenes Leben jetzt auf der Basis der Akzeptanz und der Vergebung führen, zu der ich gelangt war.

Wie die Schauspielerin America Ferrera einmal in einem TED-Talk sagte: »Veränderung wird kommen, wenn jeder von uns den Mut hat, seine grundlegenden Werte und Überzeugungen infrage zu stellen, und dann gemäß seinen besten Absichten handelt.«[5] Wenn wir die Glaubenssätze in unserem Inneren prüfen und neu bewerten, kann sich unser Leben verändern. Dann erlangen wir die Freiheit, zu sein, wer wir sein sollen. Wenn wir infrage stellen, was wir glauben, können wir handeln.

Warum glaube ich, dass ich meinen Nächsten gut behandeln sollte? Ich sollte meinen Nächsten gut behandeln, weil ich glaube, dass Jesus uns geboten hat, unseren Nächsten zu lieben. Ich sollte meinen Nächsten gut behandeln, weil ich selbst gut behandelt werden will. Warum sollte ich meine Eltern achten? Ich sollte jeden achten, dem Achtung zusteht (siehe Römer 13,7). Ich sollte meine Überzeugungen einer Prüfung unterziehen und versuchen herauszufinden, wie sie entstanden sind. So kann ich anfangen, die Welt um mich herum zu formen. Es reicht nicht aus, auf der Grundlage dessen, was wir glauben, einfach blind vorwärtszugehen. Überzeugungen und Glaube werden stärker, indem wir sie infrage stellen und prüfen. Dann können wir auf der Grundlage reiner Motive und Absichten unsere Entscheidungen treffen und handeln.

Wir können nicht warten, bis wir perfekt sind, um diese Schritte in Richtung Heilung zu gehen und aktiv zu werden. Perfekt werden wir niemals sein. Wenn du darauf wartest, dass du perfekt wirst, ist das nichts anderes als eine Ausrede für deine Untätigkeit. Ich glaube, dass diese Reaktion der Furcht entspringt – der Furcht vor dem Unbekannten, der Furcht vor dem Versagen, der Furcht davor, was aus deinem Unterbewusstsein auftauchen könnte, wenn du anfängst, die Verletzungen aus deinem tiefsten Inneren an die Oberfläche zu holen.

Indem du deine Stimme findest und zu der Person wirst, als die Gott dich erschaffen hat, öffnest du dich dafür, eine Stimme für andere zu sein, und dabei spielt es keine Rolle, in welcher Situation du dich befindest – ob du ein Adoptivkind, Überlebender, Einwanderer, Vorbild, Elternteil oder was auch immer bist. Vielleicht bist du auf der Straße aufgewachsen, und nachdem du Heilung von deiner schlimmen Kindheit erfahren hast, setzt du dich jetzt für andere Straßenkinder ein. Vielleicht bist du in eine Abhängigkeit geraten, hast sie überwunden und kannst jetzt jenen beistehen, die noch in der Suchtspirale gefangen sind.

Was mich betrifft, habe ich irgendwann beschlossen, meine Stimme als Adoptivkind aus Kambodscha zu nutzen, um in mein Geburtsland zurückzukehren und an einem Ort, an dem weder Reiche noch Arme eine Stimme haben, für diese Menschen einzutreten. Dazu in den weiteren Kapiteln noch einmal mehr.

WOFÜR NUTZT DU DEINE STIMME? WAS TREIBT DICH AN?

Wofür nutzt du deine Stimme? Was treibt dich an? Diesen Dingen entspringt deine Motivation. Ich glaube nicht, dass wir unsere Reise beenden sollten, wenn wir es geschafft haben, uns von unserem emotionalen Aufruhr zu befreien. Stattdessen sollten wir dann anderen dabei helfen, dieselbe Freiheit zu erlangen.

Ich will nicht so tun, als ob das Leben einfacher geworden wäre, seit ich die Seelsorge durchlaufen habe. Ja, ich habe mich zu einer selbstbewussten Frau entwickelt, die ihre Vergangenheit akzeptiert hat und von dem aus der Adoption resultierenden Schmerz geheilt wurde. Aber es gibt immer noch Zeiten, in denen ich mir meiner Identität nicht sicher bin.

Heute lebe ich in Kambodscha und kann dort nicht einmal auf den Markt gehen, ohne dass mich das beschäftigt, weil ich die Sprache meines Landes nicht spreche. Ich habe versucht, Khmer zu lernen, und ich kann mich auch einigermaßen verständigen, aber ich spreche die Sprache bei Weitem nicht fließend, und wenn jemand auf der Straße mit mir spricht, kann ich ihn meistens nicht verstehen. Wenn sie mich ansehen, halten sie mich für eine von ihnen, aber ich bin in der Schweiz aufgewachsen und meine Muttersprache ist schweizerisches Deutsch, nicht Khmer.

Ich bin eine Schweizerin und fühle mich auch so, selbst wenn ich nicht wie eine typische schweizerische Bürgerin aussehe. Ich bin eine Khmer und auch wieder nicht. Doch dieses Bewusstsein und meine Arbeit hier in Kambodscha erinnern mich immer wieder daran, dass ich noch wachsen und mich weiterentwickeln kann. Was zerbrochen war, wurde durch die Liebe Jesu wieder zusammengefügt. Und ich weiß: Ganz gleich, wer ich bin oder wer ich werde – ich bin eine geliebte Tochter Gottes und das verleiht mir eine Würde und ein Gefühl der Identität, das ich nie verlieren werde.

Reise zu meinen Wurzeln

> Wir reisen nicht, um dem Leben zu entkommen, sondern damit das Leben uns nicht entkommt.
>
> – *Robyn Yong*[6]

Jedes zweite Jahr darf ich entscheiden, wo wir unseren Sommerurlaub verbringen. ND wählt immer ein Ziel in den Vereinigten Staaten von Amerika. Mich zieht es eher in Länder wie Frankreich, Spanien, Portugal und Norwegen. Sieben Jahre lang stand es auf meiner To-do-Liste, mein Geburtsland Kambodscha zu besuchen. Wir hatten ständig Entschuldigungen dafür, unsere Reise dorthin zu verschieben: Es war zu weit weg, zu unsicher, zu unterentwickelt, unsere Kinder – wir hatten inzwischen eine Tochter und einen Sohn bekommen – waren noch zu klein, es war zu teuer und so weiter. Aber im Jahr 2010 beschlossen wir, Flüge nach Kambodscha zu buchen. Noa war mittlerweile zehn Jahre alt und Kimo acht. ND arbeitete inzwischen im ICF Zürich als Coach und Planer.

Unser Reiseplan beinhaltete Siem Reap, Phnom Penh und einen kleinen Ferienort am Strand von Sihanoukville. Außerdem hatte ein befreundetes Ehepaar aus der Schweiz, das schon über ein Jahr in Phnom Penh lebte, uns eingeladen, ein paar Tage bei ihnen zu verbringen.

Bevor wir unsere erste Reise in mein Geburtsland antraten, sammelten wir Geschenke für die Menschen, die wir dort treffen würden. Im Flur zwischen unserem Schlafzimmer und dem Kinderzimmer lag ein offener Koffer auf dem Boden, in den wir alles hineinlegten, was uns geeignet erschien. Ich trennte mich von einigen Kleidern und Schmuck. Am meisten jedoch steuerten unsere Kinder Noa und Kimo bei. Sie legten kleine Notizbücher und Bastelzubehör hinein, Malbücher und Buntstifte, Plastikspielzeug, Hunderte von Aufklebern, Bleistifte, Haarspangen, Stofftiere und alles andere Mögliche.

Dieser Geschenkekoffer öffnete meinen Kindern die Augen dafür, was sie alles hatten – und das oft, ohne es tatsächlich zu bemerken. Anfangs waren sie noch etwas zögerlich, aber dann waren sie immer eifriger und begeisterter bei der Sache. Als wir die Dinge dann verschenkten, fragten sie mich sogar: »Mom, warum haben wir nicht mehr gesammelt?« Auf diese Weise erkannten sie, wie viel ihnen gegeben worden war und wie wenig andere auf der Welt hatten.

Heute wissen wir, dass unsere gut gemeinte Aktion damals ein Fehler war, den auch viele andere schon gemacht hatten. Geschenke mögen für einen Moment ein Lächeln auf das Gesicht des Beschenkten zaubern, aber sie sind kein nachhaltiger und effektiver Weg, um eine grundlegende soziale Veränderung herbeizuführen. Jetzt wissen wir es besser, doch damals glaubten wir, das Richtige zu tun.

Im Sommer 2010 reisten wir also zum ersten Mal nach Kambodscha. Wir landeten auf einer Rollbahn aus roter Erde auf dem International Airport in Siem Reap. Nachdem wir aus dem Flugzeug ausgestiegen waren und meine Füße zum ersten Mal kambodschanischen Boden berührten, konnte ich meine Tränen nicht mehr zurückhalten. ND und ich hielten einander im Arm, jeder von uns hatte eines der Kinder an der Hand. Als ich in ihre Augen sah, drängten all meine unterdrückten Gefühle an die Oberfläche.

Die Luft roch anders als zu Hause und im Gegensatz zur Schweiz war sie hier sehr feucht und die Temperatur sehr hoch. Doch das interessierte uns nicht, weil wir so begeistert waren, mein Land zu entdecken. Das war etwas völlig Neues und ein Abenteuer für die ganze Familie.

Nervös standen wir in der Schlange vor der Passkontrolle. Als wir an der Reihe waren, sah sich ein Beamter mit drei Streifen auf der Uniform unsere Pässe sehr genau an. Die Kinder und ich hatten spezielle Visa, weil es heißt: Wenn man einmal die Khmer-Nationalität hat, hat man sie immer. Der Beamte winkte mich und die Kinder durch, hielt aber ND mit unseren Pässen auf. Er sah ihn auffordernd an – er erwartete etwas von ND, damit er die Pässe zurückbekam. Mein Mann war nicht überrascht. Viele Menschen hatten uns vor unserem Abflug gesagt, dass dieses Land voller Korruption sei und wir immer einige kleinere Geldscheine bereithalten sollten. Zum Glück bekamen wir unsere Pässe zurück.

Mit unserem Koffer voller Geschenke, die wir während der letzten Wochen für die Menschen in Kambodscha gesammelt hatten, sahen wir uns nach dem Fahrer um, der uns ins Hotel bringen sollte. Vor einem Tuk-Tuk stand ein lächelnder Mann mit einem Schild, auf dem *Familie Strupler* zu lesen war. Kichernd sahen wir uns an und fragten uns, wie wir alle vier mitsamt unserem ganzen Gepäck in das Tuk-Tuk passen sollten. Zu diesem Zeitpunkt hatten wir noch keine Vorstellung davon, wie die Khmer ihre Gefährte beladen können. Das hat Ähnlichkeit mit dem Computerspiel Tetris!

Während der Fahrtwind uns durch die Haare strich, fuhren wir zu unserem Hotel. In der Luft lagen viele uns fremde Düfte und alles sah ganz anders aus als zu Hause. Von der relativen Sicherheit des Tuk-Tuks aus, wo ich eingequetscht zwischen den Gepäckstücken und meiner Familie saß, wurde ich es nicht müde, den unorganisierten Verkehr zu beobachten. Ich sah wunderschöne Menschen, all die kleinen Geschäfte an der Straße mit ihren allgegenwärtigen orangefarbenen Kühlbehältern und die Verkäufer, die auf großen Holzstühlen neben ihren kleinen Läden saßen. Unter anderem verkauften sie Benzin in alten Likörflaschen. Es fühlte sich so gut an, zu sehen, dass die Menschen ruhig, entspannt und freundlich waren, immer lächelten und sich beim Begrüßen oder Verabschieden verbeugten.

Schließlich erreichten wir unsere Unterkunft, die *L'Auberge* in der Taphulstraße. Von der mit Kletterpflanzen bewachsenen Fassade leuchteten uns bunte Blumen entgegen. In dem kleinen, aber geschmackvoll angelegten Innenhof befand sich ein einladender Swimmingpool. Als Willkommensgruß überreichte uns das lächelnde Personal ein kaltes, erfrischendes Zitronengras-Getränk und ein kaltes, nach Eukalyptus duftendes Handtuch, mit dem wir uns den Reisestaub abwischen konnten.

Nachdem wir eingecheckt hatten, betraten wir einen dunklen Raum mit drei großen Betten und zwei Bädern – die Familiensuite. Die Matratzen waren hart wie Stein und die Bäder waren mit zwei Schritten zu erreichen. Wir waren ein wenig überrascht von der Architektur der Khmer, aber wir waren froh, dass alles sauber war. Wir hatten nicht gewusst, was uns erwarten würde, weil unsere Freunde diese Unterkunft für uns gebucht hatten.

Nachdem wir alle geduscht hatten, waren ND und die Kinder müde und machten nach all der Anstrengung ein Schläfchen. Doch ich war zu nervös, um zu schlafen. Ich wollte all die Düfte in mich aufsaugen und fühlen, wie schön Kambodscha war.

Mit meinem Tagebuch setzte ich mich an den Pool und fing an zu schreiben: »Endlich sind wir in dem schönen Kambodscha gelandet …« Mein Herz war voller Freude, und obwohl ich noch nicht viel von dem Land gesehen hatte, fühlte ich einen tiefen Frieden in meinem Herzen – einen Frieden, den ich auch mit meiner Vergangenheit schließen wollte.

Weil ich neugierig war, ging ich schließlich von dem Gästehaus hinaus auf die Taphulstraße, die geschäftig und schmutzig war. Verkäufer gingen mit ihren Karren vorbei und riefen: »Nom bang, nom bang!« Ich nahm an, dass sie französisches Baguette verkaufen wollten, da das das Einzige war, was sie dabeihatten. Ein Stück weiter die Straße hinauf war ein kleiner Laden, in dem Getränke verkauft wurden, und ich kaufte mir eine Flasche kaltes Wasser. Man hatte uns gesagt, dass wir nur Wasser aus Flaschen trinken sollten, sonst gingen wir das Risiko ein, von Parasiten befallen zu werden.

MEIN HERZ WAR VOLLER FREUDE, UND OBWOHL ICH NOCH NICHT VIEL VON DEM LAND GESEHEN HATTE, FÜHLTE ICH EINEN TIEFEN FRIEDEN IN MEINEM HERZEN.

Ich bezahlte mit einem Dollar und bekam einige kambodschanische Riel zurück. Ich mochte diese Währung. Es war interessant, dass ich mit amerikanischen Dollars bezahlen konnte, aber in Kambodscha gibt es zwei Währungen. Für 4 000 Riel bekommt man einen Dollar. Niemand benutzt mehr Münzen, der am häufigsten benutzte Geldschein ist der 1 000-Riel-Schein, der einem amerikanischen 25-Cent-Stück entspricht. Das Wechselgeld für Dollar bekommt man immer in Riel. Es war neu für mich, zwei Währungen in meinem Portemonnaie zu haben, vor allem weil die Riel-Scheine im Vergleich zu den schwarz-weißen Dollarscheinen so farbenfroh waren. Auf meinem kleinen, einsamen Abenteuer tat ich einen dringend notwendigen tiefen Atemzug. Die Luft war eine Mischung aus Autoabgasen, Staub und Feuchtigkeit. Dann ging ich eilig zu unserem üppig bewachsenen Gästehaus zurück.

Wieder in unserem Zimmer, weckte ich die anderen auf und sagte aufgeregt: »Lasst uns meine Eltern anrufen und ihnen sagen, dass wir sicher und gut gelandet sind.« Außerdem hatten wir schon wer weiß wie lange nichts gegessen. Wir beschlossen, den Anruf zu machen und uns dann ein Restaurant zu suchen.

Ich war begierig darauf, die Küche der Khmer zu entdecken. Ich wollte die Mischung aus kräftigen und delikaten lokalen Düften genießen, die Küche meiner Vorfahren. Sie unterschied sich so sehr von jener, mit der ich zu Hause aufgewachsen war! Chilis, Zitronengras, Kokosnüsse, Papayas, eingelegtes Obst und Gemüse, Curry… Würden die Düfte etwas in mir berühren, würden sie in meinem tiefsten Inneren Gefühle wecken? Würde ich mich hier zu Hause fühlen? Würde ich für die Welt, aus der ich gekommen war, dasselbe Zugehörigkeitsgefühl entwickeln wie für die Welt meiner Kindheit, die ich gelernt hatte, mein Zuhause zu nennen?

Einige Minuten später saßen wir wieder in einem Tuk-Tuk, um in die berühmte Pub Street in Siem Reap zu fahren. Die Hitze des Abends wehte uns ins Gesicht und Staub legte sich auf unsere Haut.

Als wir durch die belebte Straße bummelten, nahmen uns die vielen neuen Eindrücke sofort gefangen. Wir wollten alles entdecken! Wir sahen ein Fish Spa, bei dem kleine Fische abgestorbene Hautzellen von den Füßen der Menschen fraßen, Kriegsopfer, die traditionelle Instrumente spielten, ein Restaurant, in dem laute Musik lief, und viele moderne Bars. In einer Seitenstraße fanden wir ein nettes, kleines Restaurant, das verheißungsvoll aussah. Auf der Speisekarte standen gebratener Reis mit Ananas, Hühnchen mit Cashewnüssen, Schweinefleisch süßsauer – wir probierten alles aus! Alles schmeckte großartig, vor allem der dampfgegarte weiße Reis. Der kambodschanische Jasminreis wurde wenige Jahre später zum besten Reis der Welt gekürt. Unsere Geschmacksknospen konnten das definitiv bestätigen!

Als wir uns auf den Heimweg machten, warnten uns krachender Donner und ein Blitz, nur Sekundenbruchteile bevor sich der Himmel öffnete. Mehrere Minuten lang fiel der Monsunregen als wahre Sturzflut auf die Straßen und Alleen. Mit dieser plötzlichen Menge an Wasser überfordert, waren die Straßen schnell überflutet. Unsere Kinder sprangen in die Pfützen aus warmem, tropischem Regenwasser. Es war wunderschön. Dann fuhren wir müde, erschöpft und dankbar in dem Tuk-Tuk zurück zum Gästehaus und schliefen tief und traumlos.

In den nächsten Tagen erforschten wir Siem Reap und besuchten seine alten Tempel. Wir waren überrascht von dieser vielfältigen Kultur, der schönen Architektur und der traurigen Geschichte dieses Landes, das nicht umsonst das *Reich der Wunder* genannt wird. Angkor Wat ist die größte religiöse Tempelanlage der Welt und gehört zum UNESCO-Weltkulturerbe. Jedes Jahr zieht die Anlage

Millionen Besucher in ihren Bann. In die Steinwände der vielen Tempel, die sich am ganzen Stadtrand entlangziehen, sind Skulpturen eingemeißelt. Manche von ihnen haben einen hinduistischen, andere einen buddhistischen Ursprung, viele wechselten im Lauf der Geschichte zwischen beiden Religionen hin und her, je nachdem, welcher König an der Macht war.

Da wir einen Fremdenführer engagiert hatten, erfuhren wir von all den alten Fehden und Parteiungen. Er erzählte uns Geschichten zu den einzelnen Sehenswürdigkeiten, zu denen auch einige Ruinen und alte Brücken gehörten, an denen wir auf unserer Tour durch den Dschungel in Siem Reap vorbeikamen. Wir waren fasziniert davon, wie die Khmer vor so langer Zeit all diese Tempel hatten bauen können. Von einem fünfzig Kilometer entfernten Berg hatten sie Steinbrocken um Steinbrocken herausgeschlagen und mit Elefanten zu den Tempeln im Plateau des Dschungels transportiert.

Nachdem wir mehrere Stunden in der Sommerhitze verbracht hatten, genossen wir es, uns beim Schwimmen im Pool unseres Gästehauses zu erfrischen. Wir bestellten auch einige exotische Gerichte wie frittierte Spinne, gegrillte Schlange und gebratene Kakerlake. Ich glaube allerdings nicht, dass mein Sohn Kimo alles probierte. ND aß ein Stück von der Schlange und fand sie gar nicht so schlecht. Ich versuchte die Heuschrecken, die aufgrund der Gewürze und des Fetts schmeckten wie Chips, aber die Beine blieben wie Zahnstocher zwischen meinen Zähnen hängen. Die Würze erinnerte mich an ein sehr salziges Chili. Noa ist noch heute die Erfahrenste von uns, was das Khmer-Essen angeht. Sie isst alles. Besonders mag sie *Balut*, die Hühner- oder Enteneier, in denen sich bereits ein Embryo entwickelt. Mich schaudert, wenn ich nur daran denke! Sie ist definitiv eine Abenteurerin.

Dann war es Zeit, nach Phnom Penh zu reisen. Wir fuhren etwa sechs Stunden mit dem Bus von Siem Reap in die Hauptstadt Kambodschas. Ich weiß noch, dass ich die ganze Zeit über nicht zur Toilette ging, weil ich von den Toiletten am Straßenrand so angeekelt war. Ich war nicht vorbereitet auf die »Toilettenhocker«, auf denen man sein Pipi halb stehend, halb sitzend machen muss. Ich kaufte auch kein Essen, weil für mich alles so fremd aussah. Wenn ich heute an mein damaliges Verhalten zurückdenke, muss ich lachen. Ich war eine typische Touristin, die keine Ahnung von der fremden Kultur hatte. Heute genieße ich das Essen, das es am Straßenrand zu kaufen gibt, und die Toiletten sind ausgezeichnet. Manchmal sind sie sogar hygienischer als ein Toilettensitz, auf dem schon alle möglichen anderen Menschen gesessen haben – den Rest überlasse ich deiner Vorstellung! Heute esse ich am liebsten die grünen Mangos mit einem Dip aus Chili-Gewürz, getrocknete Bananen und die dampfgegarten Bambus-Reis-Sticks sowie rote Bohnen in einer kalten, frischen Kokosnuss. All das bieten Straßenverkäufer entlang den staubigen Straßen an.

ICH WAR EINE TYPISCHE TOURISTIN, DIE KEINE AHNUNG VON DER FREMDEN KULTUR HATTE.

In Phnom Penh herrschte definitiv eine andere Atmosphäre als in Siem Reap. Es glich eher einer großen asiatischen Stadt wie Bangkok oder Manila als der kleinen Tempelstadt, aus der wir gekommen waren. Wolkenkratzer ragten in den Himmel und der Verkehr war mit unzähligen Motorrädern und Autos weitaus dichter. Die Armen und die Reichen lebten direkt nebeneinander, viel enger, als ich das in Siem Reap erlebt hatte.

Als wir in Phnom Penh aus dem Bus stiegen, entdeckten wir einen Wachmann, der eine schweizerische Flagge auf seiner Uniform trug. Er und der Tuk-Tuk-Fahrer halfen uns, unser Gepäck in ein Auto umzuladen, damit ging die Reise weiter zu unseren Freunden. Sie hießen uns herzlich willkommen. Ihr Haus hatte große Fenster, durch die das Licht hereinschien, sanft geschwungene Treppen in jeder Etage, massive Türen und saubere, glänzende Böden.

Viele Stunden lang saßen wir bei einer Schüssel mit duftendem Reis zusammen und unterhielten uns über Kambodscha und seine Menschen, die Khmer-Kultur, die politische Situation im Land und die derzeitigen schrecklichen Geschehnisse. Unsere Freunde waren bemerkenswerte Gastgeber und wir fühlten uns bei ihnen sehr wohl.

Für den späten Abend hatten unsere Gastgeber einen Besuch bei einem Hilfswerk organisiert, deren Mitarbeiter auf die Straße gingen und sich um umherstreifende Kinder kümmerten. Wir schlossen uns ihnen an und halfen mit, den Kindern einige Hygieneregeln beizubringen, beispielsweise wie man sich die Hände wäscht, und schärften ihnen ein, nur sauberes Wasser aus Flaschen zu trinken. Diese Kinder lebten mehr oder weniger auf der Straße und vertrieben sich die Zeit damit, an Klebstoff zu schnüffeln. Um möglichst viele Kinder mit diesen wichtigen Regeln zu erreichen, fuhren wir mit dem Bus an einige speziell dafür von dem Hilfswerk errichteten Stützpunkte in der Nähe des Royal Palace und seiner Parks.

Eines Morgens besuchten wir das Tuol-Sleng-Genozid-Museum, das ehemalige S-21-Gefängnis der Roten Khmer, das sich in dem Gebäude eines früheren Gymnasiums befindet. Von 1976 bis 1979 wurden hier über zwanzigtausend Menschen gefoltert. Die genaue Zahl ist nicht bekannt, obwohl die Roten Khmer über die

KAMBODSCHA 1973/74

Kinder malen im Sand.

Krankenschwestern auf dem Weg in die Flüchtlingslager.

Mangel an Platz durch die vielen kranken Kinder. Viele von ihnen sind Vollwaisen.

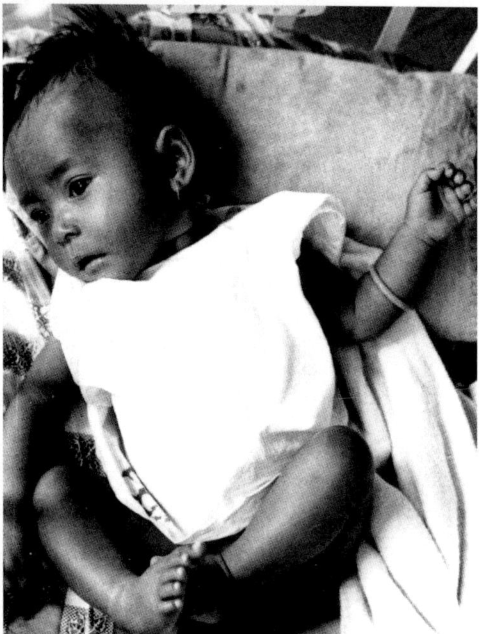

Ängstliche Sophal, immer noch schwer krank.

Nach einigen Wochen ging es Sophal schon besser.

Neugierige Kinder umringen Sophal.

Sophal war schon immer sehr neugierig.

Eine Krankenschwester, die auf Sophal aufpasst.

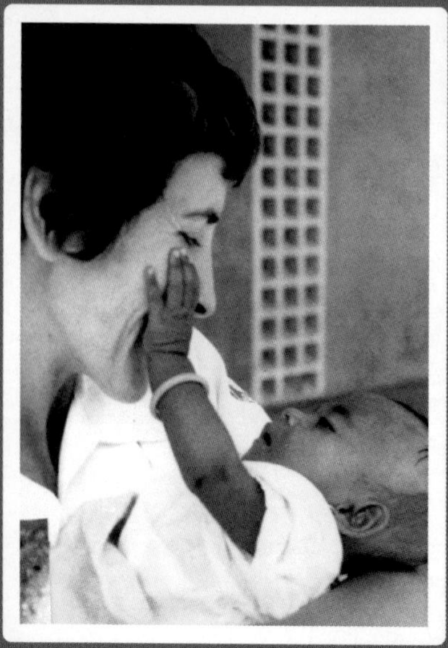

Margrit Müller,
die Frau, die Sophal
gefunden hat.

Margrit Müller
und Sophal auf
dem Weg nach
Bangkok und dann
in die Schweiz.

KINDHEIT UND JUGEND IN DER SCHWEIZ

Geborgen bei den neuen Eltern.

Für beide ist vieles neu.

Wasser ist
ihr Element.

Vater und Tochter
beim Picknick.

Mutter und Tochter
am Rhein.

Auf zum Baden.

Schelmisch war Sophal schon immer.

Teenagerzeit mit Sophals Cousine

Familienleben

Familie Strupler: ND und Sophal mit Noa und Kimo

Die Familie in der Coronazeit.

Das erste
Weihnachten
ohne Kinder.

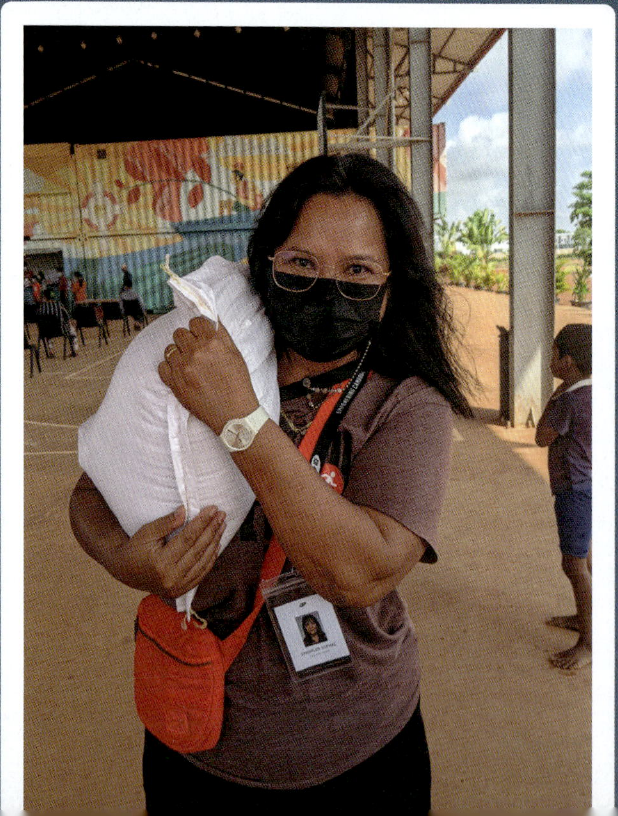

Zu Covidzeiten
verteilt Sophal
und das Team Essen
an die Armen.

Neue Möglichkeiten in Coronazeiten.

Ein kambod-schanisches Baby, wie Sophal es einst war.

Sophal bei den wöchentlichen Meetings mit ihrem Chef und Ehemann.

ND und Sophal

ND, Sophal und ihre Mitarbeiter – ein großartiges Team

Predigen ist eine von Sophals Leidenschaften.

Makara und ihre Geschwister bevor sie
aus dem Dorf flüchteten.

Makara ist heute
eine wunderbare
junge Frau.

Gemeindeleben

prominenten Gefangenen wie Regimekritiker und Intellektuelle Buch führten.

Als wir von Raum zu Raum, von Stockwerk zu Stockwerk und von Haus zu Haus gingen, waren wir schockiert, angeekelt, aufgebracht und zutiefst erschüttert. Ich werde nie vergessen, was wir dort sahen. Die Soldaten hatten Männer, Frauen und Kinder willkürlich und brutal gefoltert. Sogar Babys hatten sie derart geschlagen, dass ihr Gehirn austrat. Unter ihrer bösartigen Herrschaft wurden die Gefangenen in winzige Zellen gesperrt, wo sie auf ihre Vernehmung und »Umerziehung« warten mussten. Die meisten Gefangenen im S-21 wurden dort zwei oder drei Monate lang festgehalten. Innerhalb von zwei oder drei Tagen nach ihrer Ankunft wurden sie zum Verhör geholt. Das Foltersystem in Tuol Sleng war darauf ausgerichtet, dass die Gefangenen jegliches Verbrechen, dessen sie angeklagt wurden, gestanden, ob sie nun schuldig waren oder nicht. Sie wurden routinemäßig geschlagen und gefoltert. Man quälte sie mit Elektroschocks, drückte glühend heiße Instrumente auf ihren Körper, hängte sie in einer qualvollen Position auf oder benutzte eines der zahlreichen anderen Folterinstrumente. Manche Gefangene wurden mit Messern traktiert oder mit Plastiktüten erstickt. Andere Methoden, ein Geständnis zu erzwingen, bestanden darin, ihnen die Fingernägel auszureißen und Alkohol auf die Wunden zu gießen oder ihren Kopf unter Wasser zu drücken. Die Frauen wurden als Teil der Folter manchmal auch von den Vernehmungsbeamten vergewaltigt.

Nachdem wir die Gebäude besichtigt hatten, konnte ich keine weiteren Horrorgeschichten über diese Zeit mehr ertragen. Ich setzte mich mitten auf dem Gelände auf eine Bank und ließ meinen Gefühlen freien Lauf. Ich trauerte und schluchzte lange. Nach einiger Zeit gesellte sich meine Familie zu mir, doch keiner sagte ein Wort. Wir waren einfach sprachlos.

Den Rest des Tages verbrachten wir im Bett. Wir brauchten Zeit, um unser Entsetzen darüber, was Menschen anderen Menschen antun können, und das schon seit Menschengedenken, zu verdauen. Was war, wenn meine leiblichen Eltern, meine Geschwister von den Roten Khmer gefoltert und getötet worden waren? Die Bilder der Gefangenen hatten sich in mein Gedächtnis eingeprägt. Sie sahen alle aus wie ich: glattes schwarzes Haar, ein rundes Gesicht und eine große, flache Nase. Sollte ich glücklich sein, dass ich überlebt hatte? Oder sollte ich mit meinem Volk, das einen der schrecklichsten Kriege aller Zeiten durchstehen musste, trauern? Ich wusste keine Antwort auf diese Fragen. Ich denke, sie liegt irgendwo in der Mitte zwischen der Dankbarkeit für meine Geschichte und dem Mitgefühl für mein Geburtsland.

Im Rahmen meiner Recherchen für dieses Buch besuchte ich später ein zweites Mal Tuol Sleng, diesmal allein. Ich wollte nochmals ganz in die Emotionen eintauchen, die so schwer auf diesen Mauern und dem ganzen Gelände lasteten. Ich nahm mir Zeit, als ich erneut in jede Zelle und über jeden Flur ging und dabei tief ein- und ausatmete. Es war fast eine meditative Erfahrung für mich. Da zu dieser Zeit aufgrund der Corona-Pandemie keine Touristen anwesend waren, war ich die einzige Besucherin. An diesen Ort zurückzukehren, der bei meinem ersten Besuch einen so tiefen Eindruck bei mir hinterlassen hatte, war nicht unheimlich, sondern eher beruhigend.

Es war Frühling, die Luft war feucht und voller Leben. Die Sonne warf helle Sprenkel durch die Büsche und Bäume. Ich setzte mich auf eine abgelegene Bank, weinte erneut und ließ dabei all meine unverarbeiteten Emotionen heraus, die ich den Tag über durchlebt hatte. Als ich mich wieder beruhigt hatte, stellte ich fest, dass ich – abgesehen von dem Personal – tatsächlich nicht die einzige Person am Tuol Sleng war. Chum Mey, der Autor von *Survivor: The Triumph of an Ordinary Man in the Khmer Rouge Genocide*[7] (deutsch: Überlebender: Der Triumph eines gewöhnlichen Mannes in dem Völkermord durch die Roten Khmer), war ebenfalls dort. Er war bereits ziemlich alt und ich wusste, dass er seine Tage oft hier verbrachte und den Touristen von seiner persönlichen Geschichte und der des Gefängnisses erzählte. Ich unterhielt mich mit ihm, und er sagte mir, dass er denjenigen, die ihn verletzt hätten, vergeben habe. Fasziniert hörte ich ihm zu. Er sagte: »Ich vergebe ihnen, weil sie nur Befehle ausführten. Sie mussten mich verletzen, damit nicht andere sie und ihre Familien verletzten oder töteten. Ich kann verstehen, warum sie das taten. Abgesehen davon wird sich das Karma darum kümmern.«

ICH WEINTE UND LIESS DABEI ALL MEINE UNVERARBEITETEN EMOTIONEN HERAUS, DIE ICH DEN TAG ÜBER DURCHLEBT HATTE.

Wie Chum Mey mir sagte, glaubte er an Buddha und deshalb glaubte er auch, dass die Buddhisten gemäß ihrem Karma wiedergeboren würden: »Sie werden leiden, wie sie mich haben leiden lassen.« Gemäß dem Buddhismus gibt es für solche Menschen keine andere Möglichkeit, als in der niedrigsten vorstellbaren Lebensform wiedergeboren zu werden, etwa in der von Maden oder anderen Insekten, die dafür bestimmt sind, zerquetscht zu werden.

Ich dachte: »Es ist großartig, dass er seinen Kidnappern und Folterern vergeben hat. Aber ist es wirklich Vergebung, wenn man sich damit tröstet, dass sie ihre Strafe bekommen werden? Kann es wahre Vergebung sein, wenn der Grund, warum man über ihre falschen Taten hinwegsehen kann, in dem Wissen besteht, dass sie leiden werden?« Diese Fragen beschäftigten mich sehr. Ich bat ihn noch, sein Buch für mich zu signieren, das ich gekauft hatte, dann verabschiedeten wir uns und ich verließ das Tuol-Sleng-Genozid-Museum ein weiteres Mal.

Am Tag nach unserem Museumsbesuch fuhren meine Familie und ich morgens zu einem zweitägigen Schiffsausflug zum Tonle-Sap-See. Das Schiff war groß, alt und aus Holz, wie eine chinesische Dschunke ohne Segel. Es war mehr Personal an Bord als Passagiere. Die Bediensteten kochten, machten sauber und versorgten uns mit allem, was wir brauchten. Es war eine unglaubliche Erfahrung. Auf dem Tonle-Sap-See herrschte reger Verkehr. Wir trafen auf Schiffe und Boote jeder Größe. Viele Obst- und Gemüseverkäufer versuchten, uns von ihren langen Kanus aus ihre Waren zu verkaufen. Als wir an einer Pagode vorbeifuhren, echoten Schreie von Affen über das Wasser. Am Ufer wuschen Frauen Wäsche und das Lachen von Kindern, die im Wasser planschten, schallte zu uns herüber.

An einer Halbinsel hielten wir an und machten eine Fahrradtour. Wir fuhren auf schmalen Straßen durch kleine Dörfer. Die Körbe vor unseren Lenkern waren voll mit Spielsachen, Haarbändern, Bleistiften und anderen Kleinigkeiten. Wenn wir sahen, wie neugierige Kinder aus den Hütten spähten, hielten wir an und schenkten ihnen etwas davon. Ihre Augen leuchteten selbst bei dem kleinsten Geschenk auf. Als wir zu dem Schiff zurückkamen, waren unsere Körbe leer.

Zurück auf dem Schiff duschten wir und genossen ein himmlisches Abendessen. Danach machten uns die Angestellten ein Bett an Deck, indem sie aus mehreren Moskitonetzen, Matratzen, Kissen und Decken ein Zelt bauten. Ich liebte es, den Geräuschen des Wassers zu lauschen – die Wellen, die sanft gegen den Rumpf des Schiffs schlugen, das Quaken der Frösche, das Zirpen der Heuschrecken und das Plätschern der Fische, die gelegentlich für einen kurzen Moment auftauchten. In der Ferne hörte ich wie ein Schlaflied den monotonen Singsang der buddhistischen Mönche. Während mich die Wellen hin- und herschaukelten wie ein Baby in der Wiege, schlief ich ein.

Die Zeit in Phnom Penh ging viel zu schnell vorüber. Unser nächstes Ziel war Sihanoukville, das damals noch ein kleines Fischerdorf war. Heute – etwa zehn Jahre später – säumen hohe Hotelkomplexe, zur Hälfte gebaute Ferienanlagen und Casinos die Küstenlinie Sihanoukvilles, allesamt verlassen. Seine weißen Sandstrände und seine atemberaubende Schönheit haben diesen Ort berühmt gemacht. Authentische Khmer-Restaurants und Souvenirläden reihten sich damals an der Straße aneinander. Die friedlichen Tage, die wir dort verbrachten, waren der perfekte Abschluss unseres ersten Urlaubs in Kambodscha.

Wir hätten nicht erwartet, hier auf so wunderschöne Orte, auf alle Annehmlichkeiten, die man sich nur vorstellen kann, und auf so gastfreundliche und warmherzige Menschen zu treffen. Wir verliebten uns in die Schönheit und die Wunder Kambodschas und wir wussten, dass wir wiederkommen würden. Die Zeit hatte bei Weitem nicht ausgereicht, um alles zu entdecken, was Kambodscha zu bieten hatte.

Zu Hause sein

> Das Schönste in meinem ganzen Leben war die Sehnsucht – den Gipfel zu erklimmen und den Ort zu finden, von dem all die Schönheit kam – mein Land, wo ich hätte geboren werden sollen. Glaubst du, das alles bedeutete nichts, all die Sehnsucht? Die Sehnsucht nach dem Zuhause? Denn tatsächlich, jetzt fühlt es sich nicht an, als würde ich hingehen, sondern als würde ich zurückgehen.
>
> *– C. S. Lewis*[8]

In Kambodscha hatte ich mich zu Hause gefühlt, verwurzelt, akzeptiert und versöhnt. Ich liebte die Einfachheit des Lebens. Ich liebte die Menschen, ihr Lächeln, ihre Gastfreundschaft. Der Kontrast zu unserem geordneten Leben in der Schweiz zog mich an. Als wir am Ende unseres Urlaubs die Koffer packten, um wieder in die Schweiz zurückzukehren, fragte ich mich, wie wir den Gemeinden, die wir hier kennengelernt hatten, helfen konnten.

In den letzten paar Jahren hatte ich angefangen, in meiner von Gott gegebenen künstlerischen Begabung zu wirken. Mit Acrylfarben malte ich große, abstrakte Bilder. Zu meiner Überraschung fanden sie großen Anklang. Da ich zu diesem Zeitpunkt nichts mehr für Kambodscha tun konnte, als Geld zu sammeln, organisierte ich einige Kunstausstellungen an verschiedenen Orten in der

Schweiz und in Los Angeles, auf denen ich meine Bilder verkaufte. Sie erzielten Tausende Dollar. Den Ertrag schickte ich an das Hilfswerk in Phnom Penh, mit dem wir während einer geplanten zweiten Reise nach Kambodscha persönlich in Kontakt treten wollten.

Im Geiste reiste ich viele Male zurück nach Kambodscha. Dieses Land war magisch für mich. Es nahm mich gefangen. Ich konnte nicht in Worte fassen, was es genau war, das mich so faszinierte. Weil wir unbedingt mehr über mein Volk, die Khmer, wissen wollten, fingen wir an, Bücher darüber zu lesen und ein paar kambodschanische Filme anzusehen. Ich war fasziniert von den Khmer, ihre Art zu leben und ihrer Geschichte. Für mich waren sie die freundlichsten Menschen, die ich je getroffen hatte.

Es war seltsam, dass sie trotz ihrer jüngeren Geschichte, in der ein Viertel der vorherigen Generation von den Roten Khmer getötet und ein großer Teil der Infrastruktur zerstört worden war, ein so schönes Lächeln und eine so heitere Einstellung hatten. Ich konnte diese Menschen, die inmitten ihrer jüngsten Vergangenheit leuchteten wie Sonnenblumen, nicht verstehen. Die Bevölkerung Kambodschas ist so jung aufgrund des Verlusts einer ganzen Generation. Viele der jungen Erwachsenen distanzieren sich mental davon, was ihren Eltern und Großeltern widerfahren ist, und setzen sich nur sehr widerwillig mit der Vergangenheit auseinander.

> IM GEISTE REISTE ICH VIELE MALE ZURÜCK NACH KAMBODSCHA. DIESES LAND WAR MAGISCH FÜR MICH.

In meinem Geburtsland hatte ich ein sehr starkes Gefühl der Zugehörigkeit empfunden. Zwei Jahre nach unserer ersten Reise nach Kambodscha planten wir gemeinsam mit unseren Kindern einen weiteren Besuch. Da wir nun mehr über das Land wussten, wollten wir unseren Aufenthalt diesmal anders gestalten. Wir nannten ihn »Urlaub mit einem Zweck«. Unser Ziel war zum einen, zu helfen, und zum anderen, ein paar Tage zu entspannen.

Mit noch viel mehr Geschenken für die Dorfbewohner in unseren Koffern reisten wir also 2012 ein zweites Mal nach Kambodscha. Unser erster Halt war in Siem Reap, wo wir unsere Freunde besuchten, die inzwischen dorthin umgezogen waren. Im Vergleich zu Phnom Penh ist Siem Reap eine kleine Stadt. Im Old French Quarter und um den Old Market befinden sich Gebäude in kolonialer und chinesischer Architektur, die einen klassischen Charme ausstrahlen. Hier sind Museen, es finden traditionelle *Apsara*-Tanzvorführungen statt, es gibt ein Dorf, ganz im Stil der kambodschanischen Kultur, Souvenirläden und Läden für Handwerkskunst, Seidenfarmen, Reisfelder, Fischerdörfer sowie unzählige Bars und Restaurants. Am Tonle-Sap-See befindet sich ein Vogelschutzgebiet. Darüber hinaus gibt es viele Fair-Trade-Kooperativen und von Hilfswerken betriebene Geschäfte, die den Menschen am Ort zu einem regelmäßigen Einkommen verhelfen, während sie sich gleichzeitig um den Umweltschutz kümmern. Die Provinz Siem Reap ist eine Ansammlung kleiner Dörfer entlang des Siem-Reap-Flusses, die ursprünglich um buddhistische Pagoden herum erbaut worden sind. Der Weg vom Stadtzentrum und dem Gewimmel des Old Market aufs Land ist nicht weit. Nach nur zehn Minuten Fahrt kann man bereits die allgegenwärtigen weißen Kühe und die Pracht der Lotusfelder sehen.

Die Menschen auf dem Land sind Farmer. Sie bauen Reis und andere Nutzpflanzen an und leben vom Ertrag des Landes. Die kleinen, weißen Kühe werden beim Ackerbau eingesetzt und liefern Fleisch und Milch. Die Früchte und das Gemüse, das sie nicht selbst benötigen, verkaufen die Farmer auf den Dorfmärkten oder dem Old Market. Nur wenige ihrer Häuser haben fließend Wasser, Elektrizität oder eine Toilette mit Wasserspülung. Die Menschen schlafen in Hängematten, die an den Pfählen unter ihren Häusern befestigt sind. Die Tage verbringen sie auf hölzernen Plattformen, einer Art Miniaturbühne, die sie vor dem Schmutz auf den Straßen und Plätzen schützt. Manche dieser Plattformen haben Dächer aus Stroh, andere sind offen oder befinden sich unter Pfahlhäusern. Die netteren Toiletten sehen aus wie unsere westlichen oder es sind Toilettenhocker aus Porzellan. Die Spülung funktioniert, indem man Wasser aus großen Plastikbehältern oder gefliesten Becken schöpft. Auf dem Land wird das Geschirr nach dem Essen zuerst in einer großen Wasserschüssel gespült, um die Essensreste zu beseitigen, und anschließend in einer großen Schüssel mit sauberem Spülwasser. Das Leben auf dem Land ist schwierig, aber gleichzeitig ist es sehr einfach.

Als unsere Zeit in Siem Reap vorüber war, fuhren wir zum zweiten Mal nach Phnom Penh. Auf dem Weg hatten wir eine unvergessliche Begegnung. Neben der Kernstadt befinden sich Hunderte von Slums. Je weiter man sich von der Stadt entfernt, umso heruntergekommener sind die Häuser und umso ärmer und verzweifelter die Menschen. Wir besuchten einen kleinen, zwischen unverputzten Mauern gelegenen Ort am Ende einer schmalen Straße, die von der Hauptstraße abzweigte. Dort lebten etwa dreißig Familien. Die meisten von ihnen arbeiteten als Müllsammler. Frühmorgens und spätabends zog jeweils eine Person pro Familie mit einem Metallkarren los und sammelte auf dem Weg in die Stadt Kartons, Plastik, Dosen und Glasflaschen ein. Jede Familie hatte ihre eigene Route, sodass sie einander nicht in die Quere kamen.

In einer Familie war ein zwölfjähriger Junge für das Müllsammeln verantwortlich. Er hatte zusammen mit seiner Mutter und seinen Schwestern einige Jahre in diesem Slum – oder dem *domborn ana thibtey*, wie es auf Khmer heißt – gelebt. Sein Vater hatte die Familie verlassen, weil er eine andere Frau kennengelernt und mit ihr eine neue Familie gegründet hatte. Solche Geschichten hörten wir oft. Es schien, als sei es eine tragische Normalität, dass die Männer ihre Familien im Stich ließen.

Auf sich allein gestellt müssen die Frauen eine Möglichkeit finden, wie sie genug Geld verdienen können, um sich und ihre Kinder zu ernähren. Deshalb musste dieser Junge, der älteste Sohn, bei der Arbeit helfen. Rong hieß er und er sammelte zweimal am Tag Müll ein, passte auf seine jüngeren Geschwister auf und kochte Reis auf einer offenen Feuerstelle in ihrer kleinen Hütte. Als sein Vater noch bei ihnen war, so erzählte er uns, konnte er manchmal zur Schule gehen, doch nachdem dieser die Familie verlassen hatte, waren dafür keine Zeit und kein Geld mehr da. Wir waren uns nicht sicher, ob Rong lesen und schreiben gelernt hatte, obwohl er uns versicherte, dass er es konnte. Er erzählte uns, dass er einmal Ingenieur werden wolle.

Als wir unsere Taschen mit Secondhand-Kleidern, Spielsachen, Haarspangen, Bleistiften, Buntstiften und ein wenig Schmuck öffneten, stellten sich die Männer, Frauen und Kinder in einer Reihe auf und jeder bekam eine Kleinigkeit. Die Frauen hatten Tränen in den Augen, wenn sie ein Schmuckstück oder ein schönes Kleidungsstück bekamen, wie sie es nie zuvor besessen hatten. Alle lachten, als ein kleiner Junge sich ein Mädchenkleid aussuchte und hineinschlüpfte.

»Arkoun chraen, vielen Dank«, sagten sie, während sie sich lächelnd vor uns verbeugten. Es machte mir nichts aus, dass die Babys keine Windeln trugen und ihr Pipi auf meinem Schoß machten, wenn ich sie hielt. Es störte mich nicht, dass all die Hände, die ich berührte, schmutzig waren. Ich fühlte mich lebendig, nützlich und zufrieden.

Nachdem wir die Geschenke verteilt hatten, besuchten wir die Hütte des Jungen. Sie war auf Pfählen gebaut, eine kleine Leiter führte zum Eingang hinauf. Die Hütte, die aus einem einzigen Raum bestand, war sauber und weitgehend leer. Es gab keine Möbel. Auf dem Bambusboden lagen gewebte Matten, in einer Ecke stapelten sich Decken und Kissen für die Nacht. Ein Vorhang trennte die Küche und die offene Feuerstelle vom Rest des Raums. Außerhalb der Hütte stand ein großer Behälter mit Regenwasser, der zum Duschen benutzt wurde. Ich wagte es nicht, zu fragen, wo sich die Toilette befand. Angesichts ihres so benachteiligten Daseins schämte ich mich meiner Erwartungen an das Leben und meiner Vermessenheit.

ES STÖRTE MICH NICHT, DASS ALL DIE HÄNDE, DIE ICH BERÜHRTE, SCHMUTZIG WAREN.

Ich hatte angenommen, ein *domborn ana thibtey* sei wie ein Ort aus dem Film *Slumdog Millionaire* oder eine der großen Slumstädte außerhalb von Rio de Janeiro, aber das hier war völlig anders. In dieser Barackenstadt lebten nur dreißig Familien, alle passten aufeinander auf und es herrschte das unausgesprochene Gesetz der Gerechtigkeit. Die Familien waren nicht daran interessiert, einander zu schaden. Sie versuchten nur, sich irgendwie durchzuschlagen und genug zu essen zu haben. Die Hütte des Jungen war ordentlich und sauber, wie ich es auch von den anderen Hütten annahm, ganz im Gegensatz dazu, was ich mir vorgestellt hatte. Ich hatte erwartet, dass überall Ratten herumflitzten, dass sich das Abwasser auf den Straßen staute und mir aus allen Ecken entsetzliche Gerüche in die Nase stiegen. Doch dieser Ort hier war nicht wie ein Slum in Mumbai oder eine Favela. Es war eine eng verbundene Gemeinschaft von Menschen, die aus dem, was sie hatten, das Beste machten.

Der Mutter war anzusehen, dass sie kein einfaches Leben gehabt hatte. Ihr Körper war von harter Arbeit gezeichnet. Dennoch hatten ihre Augen einen freundlichen, zufriedenen und ganz und gar nicht verbitterten Ausdruck. »Sie ist eine starke Frau«, dachte ich. Als wir mit ihr sprachen, erfuhren wir mehr über ihr Leben. Sie war erst in den späten Dreißigern. Ihr Ehemann, den sie mit nur siebzehn Jahren aufgrund eines Arrangements ihrer beider Eltern heiraten musste, hatte sie verlassen. Ursprünglich wohnten sie auf dem Land, doch als sie dann mit ihrem Sohn schwanger war, bestand ihr Mann darauf, nach Phnom Penh zu ziehen. Er hatte gehört, dass man dort gutes Geld verdienen konnte. Also packten sie ihre wenigen Habseligkeiten zusammen und fuhren mit dem Bus nach Phnom Penh. Einen Job zu finden, war jedoch schwieriger, als sie geglaubt hatten. Das Einzige, was ihr Mann gelernt hatte, war, Reis anzubauen, was ihm in der großen Stadt jedoch nichts nützte. Nachdem sie einige Monate bei Verwandten gewohnt hatten, landeten sie schließlich in dieser Barackenstadt. Hier blieb ihnen nur noch das Müllsammeln übrig. Sie verbrachten den ganzen Tag damit, verwertbare Teile einzusammeln, sie zu sortieren, nach Kategorien getrennt wieder zusammenzupacken und schließlich zu verkaufen. Mit den wenigen Dollars, die sie mit dieser Plackerei verdienten, kauften sie ihr tägliches Essen. Rongs Vater kam mit ihrer Lebenssituation nicht gut zurecht. Abends blieb er oft lange weg und kam betrunken nach Hause. Im Lauf der Zeit blieb er ganze Nächte und schließlich sogar Wochen und Monate weg.

Die Familie sorgte sich um ihn. Sie fragten sich, ob ihm wohl etwas zugestoßen war. Als er nach Monaten der Abwesenheit endlich wieder zurückkam, packte er schweigend seine Kleider in eine Plastiktüte und teilte ihnen mit, dass er außerhalb von Phnom Penh einen Job gefunden habe, weshalb er die Familie verlassen müsse. Die Mutter konnte kaum glauben, was sie hörte. Sie bestand darauf, ihn mit ihren Kindern zu begleiten. Doch ihr Mann erwiderte: »Das ist nicht möglich. Es gibt dort keinen Ort, wo ihr wohnen könntet.«

Nach einem heftigen Streit fand die Frau heraus, dass ihr Mann sie nicht nur wegen seiner neuen Arbeit verlassen wollte, sondern auch, weil er eine neue Freundin hatte. Weil ihre Ehe arrangiert worden war, hatte es zwischen Rongs Eltern nie Liebe gegeben. Trotzdem hatten sie sich in das Arrangement gefügt und das Beste daraus gemacht. Doch das war dem Vater auf Dauer nicht genug. Er hatte immer davon geträumt, mehr zu haben, und sich nie mit seinem Leben abgefunden. Er ging noch am selben Abend und wurde nie wieder gesehen. Die Mutter und ihre Kinder weinten angesichts des Verrats, den er an ihnen begangen hatte, bittere Tränen – Tränen der Wut, der Enttäuschung und des Neids.

Nachdem wir viele Stunden mit dem Jungen und seiner Familie verbracht hatten, entstand eine enge Verbundenheit zwischen uns. ND begleitete Rong so oft, wenn dieser Müll einsammelte, dass er von seinen Flipflops Blasen zwischen den Zehen bekam. Die Familie des Jungen beeindruckte uns mit ihrer Bereitschaft zu harter Arbeit und der Akzeptanz ihres einfachen Lebensstils, auch wenn wir ihre Einstellung und ihr Handeln mit unserem westlich geprägten Verstand nicht immer ganz nachvollziehen konnten.

Doch irgendwann mussten wir uns von ihnen verabschieden, was für mich als Adoptivkind bis heute keine einfache Situation ist. Wir umarmten sie herzlich und hofften, dass wir sie wiedersehen würden, aber wir wussten, dass es wahrscheinlich so bald keine Möglichkeit dafür geben würde.

Während unseres zweiten Aufenthalts in Kambodscha war mein Gefühl der Zugehörigkeit und der Zufriedenheit stärker als je zuvor. Auch wenn ich in der Vergangenheit schon öfter so empfunden hatte, war es niemals so intensiv und lebendig gewesen. Trotz des relativ kurzen Aufenthalts hatte das Leben hier eine sehr beruhigende Wirkung auf mich. Die Atmosphäre war entspannt und das ganze Lebenstempo der Menschen lief ein paar Gänge langsamer als etwa in Zürich.

An diesem Punkt – kurz vor meinem vierzigsten Geburtstag – spürte ich, dass ich in meinem Leben an einem Wendepunkt angelangt war. Unser Leben würde sich verändern, auch wenn ich noch nicht wusste, was das genau bedeutete. Die letzten sieben Jahre waren für ND und mich sehr herausfordernd, arbeitsreich und aufreibend gewesen, sowohl was unseren Dienst in der Church betraf als auch das Leben allgemein. Jetzt hatte ich den Eindruck, dass wir einfach einen Neustart wollten und brauchten. Ich hatte keine

Ahnung, dass uns die Wende, die unser Leben nehmen sollte, noch während unseres »Urlaubs mit einem Zweck« offenbart würde.

Kürzlich hörte ich die Predigt eines deutschen Pastors, der über das Thema der Heimkehr sprach. Sie erinnerte mich an diese Zeit meines Lebens – meine zweite Reise nach Kambodscha. Er sagte, das Gefühl, zu Hause zu sein, gehe weit darüber hinaus, in einem konkreten Gebäude zu leben. Es beinhalte Ruhe, das Hineinfühlen in die eigene Person, inneren Frieden und Zufriedenheit. Es bedeute, gefunden zu sein, nachdem man verloren gewesen sei, alle Ablenkungen auszuschalten und zu hören, wie bedeutungsvoll die Stille sei. Es sei die Freiheit, von allem, was die Welt von einem erwarte, unabhängig zu sein, und andere in diese Zufriedenheit einzuladen.

UNSER LEBEN WÜRDE SICH VERÄNDERN, AUCH WENN ICH NOCH NICHT WUSSTE, WAS DAS GENAU BEDEUTETE.

All das spürte ich damals überaus stark in Kambodscha. Daher kann ich diese Predigt absolut nachvollziehen. Um dich zu Hause zu fühlen, brauchst du eine »Adresse«, und diese Adresse wurzelt letztlich in Gott und seinem Frieden. Damals konnte ich meine Gefühle noch nicht in Worte fassen, ich wusste nur, dass ich mir mehr davon wünschte. Doch seit ich diese Predigt gehört habe, weiß ich genau, wie ich beschreiben kann, was 2012 in mir vorging, als ich das bezaubernde Land und die Menschen Kambodschas sah. Und noch während dieser Reise sollte mir klar werden, dass Gott mir dieses Gefühl der Sicherheit und der Liebe gegeben hatte, damit ich etwas Neues beginnen konnte.

Ist das dein Ernst?

Ich glaube, wir alle haben eine Berufung. Ich weiß, dass jeder Mensch einen Wert und eine Aufgabe hat. Der wahre Sinn unseres Lebens besteht darin, sich ihrer bewusst zu werden; aufzuwachen und ihr gerecht zu werden.

– *Oprah Winfrey*[9]

Während unseres »Urlaubs mit einem Zweck« im Jahr 2012 sahen wir uns die Kirchen in Siem Reap an. Den Auftakt dazu machten wir an einem sonnigen Sonntagmorgen. Wir fuhren mit unseren Freunden zu der Gemeinde am Ort, die sie regelmäßig besuchten. Einer von ihnen ging dann immer in den Gottesdienst, während der andere sich im Kinderdienst um ihren fast einjährigen Sohn kümmerte, der mit seinem wilden blonden Haar aus allen Kindern herausstach.

Wir parkten hinter der Kirche und gingen durch das außerhalb gelegene, überdachte Foyer in das Gebäude, das aus einem einzigen, kleinen Raum bestand. Als der Gottesdienst begann, war der Raum fast voll mit Khmer und Ausländern. Unsere Kinder Noa und Kimo beschlossen, während des Gottesdienstes im Kinderdienst mitzuhelfen.

Es gelang uns nicht, einen Platz zu finden, an dem wir drei Erwachsene nebeneinandersitzen konnten, deshalb setzte ich mich mit meiner Freundin zusammen und ND schlüpfte auf eine der Holzbänke einige Reihen hinter uns. Ein kleines Worship-Team aus einigen Männern und Frauen und einem Gitarrenspieler sang ein bekanntes christliches Lied. Den Gottesdienst leitete ein Brite im mittleren Alter, der ein einfaches weißes Hemd und schwarze Hosen trug. Der Hauptpastor, ebenfalls ein Brite, war zu dieser Zeit im Urlaub, weshalb an diesem Morgen ein älterer Herr in einem grauen Anzug mit blauer Krawatte die Predigt hielt. Er sprach sehr langsam und mit einem indischen Akzent.

Ich kann mich genauso wenig daran erinnern, worüber er sprach, wie daran, was ich letzte Woche zum Frühstück gegessen habe. Ich versuchte, ihm zu folgen, aber ich verstand nicht, was er uns sagen wollte, und sein Akzent war dabei auch nicht sehr hilfreich. Da ich mich nicht traute, mich umzudrehen und nach ND zu sehen, studierte ich die Menschen, die vor uns saßen. Unter den Khmer und den Ausländern, die die Bänke füllten, waren alle Altersgruppen vertreten, doch es waren mehr ältere Personen als jüngere. Ich fragte mich: »Was tun diese Ausländer in Kambodscha? Sind sie Missionare oder Lehrer oder arbeiten sie hier für eine kambodschanische Firma?« Ich glaube, diese Frage ist unvermeidbar. Angesichts von Ausländern in einem Land fragt man sich unwillkürlich, was sie dort tun.

Ich versuchte, mich wieder auf die Predigt zu konzentrieren, damit ich zumindest verstand, worum sie sich drehte. Als sie zu Ende war, standen wir auf und sangen einige sehr alte Hymnen. Zum Glück kannte ich einige von ihnen und konnte mitsingen. Dann kam der Gottesdienstleiter wieder auf die Bühne, das Opfer wurde eingesammelt und er predigte weitere zehn Minuten. Nach gut zwei Stunden war der Gottesdienst vorüber. »Endlich!«, dachte ich. Angesichts meiner Erleichterung fühlte ich mich ein wenig schuldig, aber wenn er noch länger gedauert hätte, wäre ich vermutlich eingeschlafen.

Auf dem Weg nach draußen stießen wir wieder auf ND. »Wie hat es dir gefallen?«, fragte ich.

Ich spürte, dass ihn etwas beschäftigte, und er sagte wie aus der Pistole geschossen: »Ich habe gerade eine der größten Nöte Kambodschas entdeckt. Wenn die Khmer nur solche langweiligen Gottesdienste haben, kann ich verstehen, warum keiner von ihnen Jesus nachfolgen will.« Er war frustriert und fast schon wütend, weil der lebendige und mächtige Gott den Khmer hier auf eine so trockene und langatmige Weise präsentiert wurde, dass niemand stolz darauf sein konnte, ein Christ zu sein.

»Warum gründen wir hier nicht eine ICF Church?«, entfuhr es mir. Ich weiß noch, dass ich von meiner Aussage genauso schockiert war wie er. Es hatte nie auf meiner Wunschliste gestanden, eine Church ins Leben zu rufen. ND stand den meisten Churches der ICF-Bewegung beratend zur Seite und ich hatte gesehen, welchen Preis manche Pastorenpaare bezahlen mussten, um eine Church zu gründen und zu leiten. Sie waren nur damit beschäftigt, neben ihren eigenen Problemen auch noch die aller anderen zu lösen, und hatten kaum Zeit für ihre Familien und für sich selbst – Zeit, die sie brauchten, um wieder neue Kraft zu sammeln und ihrer Church auf eine gesunde Weise zu dienen. Dieser Preis war mir zu hoch, ganz abgesehen davon, was es bedeuten würde, eine Church in einem fremden Land aufzubauen. Das erschien mir völlig unmöglich, weshalb ich mir nach den Worten, die mir so unbedacht herausgerutscht waren, überrascht die Hand auf den Mund schlug.

Mit einem fragenden Blick sah ich ND an, während ich auf seine Reaktion wartete.

Er war ein wenig blass geworden. »Ist das dein Ernst?«, fragte er.

»Ja, lass uns hier eine Church für mein Volk gründen«, wiederholte ich, jetzt überzeugter als vorher. Ich spürte, wie meine gerade noch unvorstellbare Idee in mir Gestalt annahm. Je mehr Zeit verging, nachdem ich meine Worte ausgesprochen hatte, umso überzeugter war ich, dass ich es ernst meinte. Ich wusste, dass diese Worte nicht von mir gekommen waren, sondern dass Gott mich gebraucht hatte, um diese kühne Idee ins Leben zu rufen.

»WARUM GRÜNDEN WIR HIER NICHT EINE ICF CHURCH?«, ENTFUHR ES MIR.

ND sagte den ganzen restlichen Tag kein einziges Wort mehr. Er dachte nach, er kämpfte und betete, er stellte Gott Fragen und argumentierte mit ihm. Das erinnerte mich an die Zeit, bevor wir unsere Beziehung begannen. Damals hatte er genauso reagiert. Ich war bereit, diesen Schritt zu wagen, während er sich noch mit vielen verschiedenen Gedanken auseinandersetzen musste, bevor er bereit war, eine Entscheidung zu treffen.

Jetzt hatten wir noch dazu zwei Kinder. Auch sie wollten wir dazu befragen. Ich tröstete mich mit der Tatsache, dass ich meine Kinder kannte. Das bedeutet nicht, dass ich mir absolut sicher war, wie ihre Antwort lauten würde, aber ich wusste, dass sie uns ehrlich ihre Meinung sagen würden, wenn wir darüber sprachen.

An diesem Abend setzten wir vier uns an einen runden Tisch in einem Restaurant in der Pub Street. Wir wollten gute Eltern sein, und wenn die Kinder unsere Entscheidung ablehnten, wäre das ein sauberer und einfacher Weg für uns, unsere verrückte Idee fallen zu lassen. Wie ich schon sagte – ich war mir nicht sicher, was sie sagen würden, aber ich schätzte ihre Meinung sehr. »Kinder«, begann ND, »was würdet ihr davon halten, wenn wir nach Kambodscha ziehen und hier eine Church gründen?« Beide Kinder hüpften angesichts dieser Idee begeistert auf ihren Stühlen herum. Sie waren sofort leidenschaftlich bei der Sache und stritten schon fünf Minuten später darum, wer von ihnen beiden die Kinderkirche leiten würde.

Nachdem wir Stunden im Schockzustand, mit Diskussionen, Streit, Gebet und Weinen verbracht hatten, kam Frieden in unser Herz. Es war kein Zufall gewesen, dass ND und ich am Morgen diese Gemeinde besucht hatten. Gott hatte uns mit dieser Erfahrung in seinen Plan eingeweiht und uns dazu aufgerufen, den nächsten Schritt zu gehen. Er hatte uns gezeigt, dass hier eine Not herrschte, und jetzt drängte er uns dazu, diese Not zu stillen. Wie der Theologe Frederick Buechner schreibt: »Der Ort, an den Gott dich ruft, ist der Ort, an dem deine tiefe Freude und der tiefe Hunger der Welt aufeinandertreffen.«[10] Gott leitete uns dazu an, im Glauben vorwärtszugehen und alles hinter uns zu lassen.

In dem Tuk-Tuk auf dem Weg zurück zu unserem Gästehaus beschlossen wir, dass wir auf den Tag genau in einem Jahr nach Kambodscha ziehen würden. Tief in unseren Herzen wussten wir: Wenn wir es innerhalb dieses zeitlichen Rahmens nicht schafften, würden wir kalte Füße bekommen und den bequemeren Weg wählen, indem wir einfach unser gewohntes Leben fortsetzten. Geld für die Not leidenden Khmer zu sammeln, indem ich meine Bilder verkaufte, war so viel einfacher, als in ein fremdes Land zu gehen und dort die nötige Arbeit zu tun. Wir hatten bereits begonnen, dieses Land zu lieben, wir fühlten uns dort willkommen und spürten die Berufung, dort zu leben, aber dennoch hatten wir großen Respekt vor der enormen Tragweite unseres nächsten Schrittes.

ND sah vor sich das Bild, wie man im Schwimmbad auf einen Sprungturm bis nach ganz oben klettert. Wenn man dort zu lange steht und hinuntersieht, bekommt man Angst. Entweder überwindet man dann seine Angst und springt, um den beglückenden Fall zu genießen, oder man macht einen Rückzieher und steigt die Leiter wieder hinunter. Für unsere Familie war es an der Zeit, den Sprung ins Unbekannte zu wagen und darauf zu vertrauen, dass Gott uns sicher in seiner Hand hielt, während wir ihm nachfolgten.

In unserer Church in der Schweiz hatten die Platzanweiser immer Kärtchen bei sich, auf denen Bibelverse aufgedruckt waren. Wer wollte, konnte eines daraus ziehen. ND machte das am Anfang eines jeden Jahres. Beim ersten Gottesdienst 2012 hatte er ein Kärtchen mit folgendem Vers gezogen: *Ja, ich mache alles neu!* (Offenbarung 21,5). Dieses Wort bekam jetzt plötzlich für uns in Kambodscha eine ganz neue Bedeutung. Wir waren schon immer begeistert gewesen, Neues zu beginnen und zu erleben. Das ist ein Teil unserer Persönlichkeit, weshalb wir diesen Vers bereits sehr gemocht hatten. Aber *alles neu* war auf einmal etwas anderes, eine völlig neue Herausforderung. *Alles neu* war unsere Berufung, alles, was uns vertraut war, hinter uns zu lassen und als Familie und als Team ein neues Leben im Kambodscha zu beginnen, wo die Not der Welt und unsere Leidenschaft aufeinandertrafen.

An diesem Tag begannen wir, zu planen und zu beten.

Während der letzten Tage, die wir in Siem Reap verbrachten, sahen wir uns bereits Wohnungen und Häuser an. Wir gingen auf den Markt und den Supermarkt, um die Preise zu vergleichen, wir sprachen mit anderen aus dem Ausland stammenden Menschen über die Erfahrungen, die sie in Kambodscha gemacht hatten, wir versuchten, ein monatliches Budget für unsere Lebenshaltungskosten zu erstellen, und sprachen mit dem Direktor einer internationalen Schule. Schließlich ist ein Umzug in ein fremdes Land keine Entschuldigung für Kinder, ihre schulische Ausbildung zu beenden – selbst dann, wenn sie nichts dagegen hätten!

Es war geradezu magisch, dass wir unsere Entscheidung genau an dem Ort getroffen hatten, an den zu gehen wir berufen waren. Aber natürlich hat jeder Urlaub, auch ein »Urlaub mit einem Zweck«, ein Ende. Zurück zu Hause in der Schweiz machten wir einen Plan, wie wir den Menschen um uns herum die Neuigkeiten mitteilen sollten. Wie würde es uns gelingen, alle ins Boot zu holen? Wie konnten wir ihnen von unserer Vision und unserer Berufung von Gott erzählen, ohne auf Widerstand zu stoßen?

Um es uns etwas einfacher zu machen, die Nachricht zu verbreiten, teilten wir die betreffenden Menschen in verschiedene Gruppen ein: Zuerst würden wir unsere Hauptpastoren und unsere Familie informieren, dann unsere Freunde und Nachbarn und zuletzt die Lehrer und die Behörden.

Meinen Eltern zu sagen, dass ich die Schweiz verlassen und nach Kambodscha gehen würde, von wo sie mich adoptiert hatten, war eines der schwierigsten Dinge, die ich je getan hatte. Ich wusste, es würde ihnen das Herz brechen, weil ich ihr einziges Kind bin und auch ihre Enkelkinder so weit von ihnen entfernt sein würden. Doch als wir zu ihrem Haus fuhren, stimmten ND und ich darin überein, dass wir unsere Entscheidung nicht ändern würden, ganz gleich, was sie sagten. Es war mehr als eine Entscheidung – es war eine Berufung von Gott.

Bei unserem gemeinsamen Mittagessen und dem anschließenden Kaffee unterhielten wir uns fröhlich und unbeschwert. Wir lachten und machten Späße wie immer. Beim Dessert fingen wir dann an, von unseren Plänen zu erzählen. Plötzlich wurde die Atmosphäre angespannt und traurig. Ich spürte einen tiefen Schmerz in meinem Herzen, als ich sah, wie sich die Augen meiner Eltern mit Tränen füllten. Ihre Gesichter wurden blass und sie fanden keine Worte, um ihren Gefühlen Ausdruck zu verleihen. Die süße Schokolade in meinem Mund nahm plötzlich einen bitteren Geschmack an. Ich kannte meine Eltern gut genug, um zu wissen, dass sie uns gleich mit unzähligen Fragen bombardieren würden, die dazu führen sollten, dass wir Zweifel an unseren Plänen hegten.

Mit schwerem Herzen und ohne einen Konsens erzielt zu haben, fuhren wir schließlich nach Hause. Auf der Fahrt weinten wir bittere Tränen, weil uns an diesem Abend klar wurde, dass unser Plan nicht bei jedem auf Begeisterung stoßen würde. Nicht jeder würde unsere Beweggründe und unsere Gedanken hinter dieser (in seinen Augen) abnormalen Entscheidung verstehen können. Und niemand mag es, von den Menschen, die er liebt, getrennt zu sein. Natürlich hatten wir erwartet, dass wir mit unseren Plänen auf Ablehnung stoßen würden, aber als es dann tatsächlich passierte, war es sehr viel härter, als wir es uns vorgestellt hatten. Wir beteten, dass es uns gelingen würde, unseren Lieben die Aufgabe und die Verantwortung, die Gott uns während unseres Urlaubs übertragen hatte, begreiflich zu machen. Doch trotz des Widerstands, der uns entgegenschlug, geriet unsere Entschlossenheit, unseren Plan umzu-

ICH SPÜRTE EINEN TIEFEN SCHMERZ, ALS ICH SAH, WIE SICH DIE AUGEN MEINER ELTERN MIT TRÄNEN FÜLLTEN.

setzen, keineswegs ins Wanken. Ganz im Gegenteil – der mangelnde Zuspruch und der Versuch, uns von unserem Vorhaben abzubringen, ließ unsere Überzeugung, dass es unsere Berufung war, nach Kambodscha zu gehen, nur noch stärker werden.

> Bevor du einen Menschen verurteilst, gehe eine Meile in seinen Schuhen.
> *– Mary T. Lathrap*[11]

Die folgenden Gespräche, die wir mit anderen Mitgliedern der Familie und Freunden führten, verliefen zum Teil ähnlich wie das mit meinen Eltern. Manche unserer Wegbegleiter konnten unseren Plan verstehen. Sie bestärkten uns darin, hatten Mitgefühl und zollten uns Respekt. Andere zeigten Besorgnis und wieder andere konnten unsere Entscheidung überhaupt nicht nachvollziehen.

Dennoch wuchs unsere Zuversicht mit jedem Gespräch. Wir lernten, unseren Plan kurz und bündig, aber mit den notwendigen Details zu formulieren. All die Fragen und Zweifel, auf die wir trafen, führten dazu, dass wir uns ständig selbst prüften. Insgeheim wünschten wir uns, unsere Berufung würde etwas Greifbares beinhalten – einen geschriebenen Brief, ein prophetisches Wort von einem Mann oder einer Frau Gottes oder eine hörbare Stimme, die unseren Namen rief. Doch es geschah nichts, was als »Beweis« für unsere Berufung hätte dienen können, und so wurden wir einfach immer besser darin, unsere Pläne und Motive zu beschreiben und das ganze Spektrum der Reaktionen darauf – von Begeisterung bis hin zu verächtlichem Unglauben – zu akzeptieren.

ND war in unserer Züricher ICF Church zehn Jahre lang der Jugendpastor gewesen und hatte in den vergangenen sechs Jahren darüber hinaus den Gründern neuer Churches in der ICF-Bewegung mit Rat und Tat zur Seite gestanden. Diese Berufung war einfach der natürliche nächste Schritt. Es gab immer noch keinen greifbaren »Beweis« dafür, obwohl wir so sehr darauf hofften. Doch je mehr wir beteten und planten, umso mehr begann unsere Mission Gestalt anzunehmen und umso klarer wurde mir, dass dieses Unterfangen weit mehr war als eine Idee, die mir in unserem Urlaub unbedacht herausgerutscht war. Das war Gottes Plan für uns und wir antworteten: »Hier sind wir – eine gewöhnliche Familie, die an einen außergewöhnlichen Gott glaubt und auf ihn und seine Führung vertraut.«

Ganz gleich, was alle anderen dachten – wir wussten, dass wir vier uns im Hinblick auf unseren Umzug und unsere Vision einig waren. Wir waren bereit, in dieses Abenteuer einzutreten.

DAS WAR GOTTES PLAN FÜR UNS UND WIR ANTWORTETEN: »HIER SIND WIR.«

Damals war unsere Vision noch nicht so detailliert wie heute, doch wir wussten: Es war Gottes Wille, dass wir eine Church gründeten und den Menschen auf eine gewinnende und kulturell angemessene Weise von der Liebe Jesu erzählten. Wir hatten die Not in einer Hauptstadt gesehen, aber was war mit all den anderen Dörfern und ländlichen Gegenden, in denen es keine Kirche gab?

Ich merkte, wie ich mir in all dem Planen selbst vorauseilte und mich um Dinge sorgte, die Gott mir noch nicht gesagt hatte. Das tun wir oft, stimmt's? Wir steigern uns in Sorgen über zukünftige Ereignisse hinein, noch bevor es so weit ist. Doch realistisch betrachtet haben wir nur die Vergangenheit mit ihren Erinnerungen und Entscheidungen, die wir getroffen haben, und wir haben das Jetzt.

Deshalb macht es keinen Sinn, uns Sorgen um die Zukunft zu machen. Das beraubt uns nur unserer Gegenwart und hindert uns daran, heute unsere Aufgaben zu erfüllen und Gutes zu tun.

Jesus sagte zu seinen Nachfolgern: »Darum sage ich euch: Sorgt euch nicht um euer tägliches Leben – darum, ob ihr genug zu essen, zu trinken und anzuziehen habt. Besteht das Leben nicht aus mehr als nur aus Essen und Kleidung? Schaut die Vögel an. Sie müssen weder säen noch ernten noch Vorräte ansammeln, denn euer himmlischer Vater sorgt für sie. Und ihr seid ihm doch viel wichtiger als sie. Können all eure Sorgen euer Leben auch nur um einen einzigen Augenblick verlängern? Nein« (Matthäus 6,25-27). Sich Sorgen zu machen, ist schlichtweg nutzlos. Gott gibt uns einen Tag nach dem anderen zu leben.

Während ich mich sorgte, wusste Gott bereits, was wir in der Zukunft tun würden. Er wusste, wie die Vision unserer Berufung aussehen würde. Wir waren besorgt und versuchten, unsere Pläne so gut wie möglich auszuarbeiten, aber er hatte bereits jeden einzelnen Schritt geplant.

Manchmal glaube ich, dass Gott uns nur die Informationen gibt, die wir in dem Moment unbedingt wissen müssen. Vielleicht entspringt diese Vorgehensweise seiner Güte, denn wenn er uns das ganze Bild zeigen würde, wären wir wahrscheinlich nicht in der Lage, damit umzugehen. Ich weiß nur, dass ich dankbar für seine Führung bin. Und dankbar war ich vor allem, als wir allen anderen von unseren scheinbar absurden Plänen erzählten. Er führte uns die ganze Zeit über und versicherte uns, dass das der Plan war, den er für uns im Sinn hatte.

Mit diesem Wissen im Hinterkopf fuhren wir fort, alles für unseren Umzug zu organisieren, online nach einer Wohnung zu suchen, uns ein Basiswissen in der Sprache der Khmer anzueignen und unser Herz auf das Kommende auszurichten. Die Zukunft hielt Großes für uns bereit!

Ein Ende und ein neuer Anfang

> Was wir den Anfang nennen, ist oft das Ende. Und etwas ein Ende zu machen, bedeutet, einen Anfang zu machen. Das Ende ist unser Startpunkt.
>
> *– T. S. Eliot*[12]

Unser neuer Anfang in Kambodscha war das Ende eines Kapitels in unserem Leben. Wir tendierten oft dazu, herunterzuspielen, was für einen Umbruch das für uns bedeutete und wie sehr sich unser zukünftiges Leben von allem unterscheiden würde, was wir gewohnt waren.

Unsere Freunde Leo und Susanna gehörten zu den ersten Paaren, denen wir von unseren Plänen berichteten. Leo war der Seniorpastor des ICF Zürich und damit NDs Chef. Wir sagten es ihnen sogar noch vor meinen Eltern, weil ND und ich wissen wollten, ob wir die Zustimmung der Church und die Unterstützung der Leiterschaft hatten. Darüber hinaus nutzten wir die Reaktion von Leo und Susanna als eine Art Barometer, um die geistliche Atmosphäre rund um unsere Entscheidung zu beurteilen. Sie würde sich stark darauf auswirken, welche Schritte wir als Nächstes gehen würden.

Als ND und Leo einige Tage zusammen wegfuhren, um zu beten, Gemeinschaft zu haben, Sport zu treiben und einige andere Aktivitäten zu unternehmen, beschloss ND, diese Möglichkeit zu nutzen, um seinen besten Freund und Mentor Leo von unseren Plänen in Kenntnis zu setzen. Leo hatte gerade ein herausforderndes Jahr hinter sich – abgesehen von den normalen Dramen im Leben eines Pastors war einer seiner Freunde gestorben und mit einem anderen war es zu einem Zerwürfnis gekommen. ND wusste, dass es nicht die beste Zeit war, dieses Thema anzuschneiden, doch die Tatsache, dass sie für diese Tage ihrer täglichen Verantwortlichkeiten enthoben waren, bot zumindest die beste Gelegenheit dafür, auf die er derzeit hoffen konnte.

Als ND Leo sagte, dass er und ich die Berufung von Gott bekommen hätten, nach Kambodscha zu ziehen und dort eine Church zu gründen, wich alle Farbe aus Leos Gesicht. Fast eine Minute lang sprach er kein Wort. Dann sagte er nur: »Okay, ich muss darüber nachdenken und beten.« Dann hörten wir zwei Wochen lang gar nichts.

Inzwischen waren die beiden Männer von ihrem Kurzurlaub zurückgekehrt und unser Leben verlief wieder in den gewohnten Bahnen. Eines Tages trafen Leo, Susanna, ND und ich uns nach dem Gottesdienst auf einen Kebab. Leo begann unser Gespräch mit den Worten: »Erzählt uns die ganze Geschichte.« Das taten wir, während unsere Freunde zuhörten und ihren Kebab aßen.

Später erfuhren wir, dass Leo deshalb so schockiert von NDs Neuigkeiten gewesen war, weil das ICF bereits mehrmals erfolglos versucht hatte, im Ausland Tochterchurches zu gründen, zuletzt in Rom. Auch die Churches in Afrika und Brasilien funktionierten nicht, weil es einfach zu viele kulturelle Schranken gab, die Pastoren nicht bereit waren, die Grundsätze des ICF anzunehmen, und so weiter. Daraufhin hatte die Leiterschaft des ICF Zürich, zu der auch ND gehörte, den Gedanken ins Spiel gebracht, dass wir uns auf Europa konzentrieren sollten, wo es so viele Städte und einen Mix aus Menschen und Kulturen gab. Das schien logisch zu sein und vielleicht ergab sich daraus schließlich doch noch ein Weg, in andere Teile der Welt vorzudringen. Von daher kann man sich Leos Überraschung vorstellen, als einer seiner Leiter ihm aus heiterem Himmel eröffnete, dass er vorhatte, mit seiner Familie ausgerechnet in Kambodscha eine Church zu gründen!

Nachdem sie nun die ganze Geschichte kannten, die Sache vor Gott gebracht und darüber gebetet hatten, sicherten Leo und Susanna uns ihre Unterstützung zu. Sie standen hinter uns und würden uns im Namen des ICF geistlich und finanziell unter die Arme greifen. Wir waren sehr erleichtert und informierten sie darüber, dass wir die Schweiz in einem Jahr verlassen würden.

Die Vorbereitungen auf den Umzug waren wie eine Reise in die Zeit zurück, in der ND und ich unser gemeinsames Leben begonnen hatten. Nachdem unsere Tochter Noa auf die Welt gekommen war, hatten wir uns ein Reihenhaus gekauft. Viele Jahre lang war der Spruch *Mein Haus ist meine Burg* mein Motto gewesen. Es machte mir große Freude, alles schön zu dekorieren und eine warme Atmosphäre in unserem Zuhause zu schaffen. Ich liebte es, Gäste zu haben, für sie zu kochen und sie zu verwöhnen. Ich hatte für jede Jahreszeit die perfekten Teller, Gläser, Schüsseln und Küchenutensilien sowie die passende Dekoration.

Nun wusste ich, dass wir mit dem Flugzeug nur wenige unserer Besitztümer mitnehmen konnten, und fühlte mich, als stünde ich vor einem großen Berg, ohne zu wissen, wie ich den Gipfel erreichen sollte. Ich begann, einige Dinge zu verkaufen, was der erste Schritt war, mich von den weltlichen Gütern, die ich im Lauf der Jahre angesammelt hatte, zu trennen. Ich machte Fotos von den Möbeln und bot sie auf verschiedenen Internetplattformen an. Die Menschen kamen und liefen durch unser Haus, als wäre es ein Basar. Das war meine tägliche Übung in Demut. Sie sahen nur die Objekte, nicht aber ihre Geschichte. Sie wussten nicht, mit wie viel Liebe ich alles ausgesucht hatte, um unser Heim zu verschönern, und wie sie mir dabei als Symbole für Trost und Gastfreundschaft gedient hatten.

Erstaunlicherweise verspürte ich umso mehr Erleichterung, je leerer unser Haus wurde. Die Tatsache, dass ich meine geschätzten Besitztümer abgab, vermittelte mir das Gefühl, von weltlichen Dingen frei zu sein.

Es war, wie Lisa J. Schultz es in ihrem Buch über das Entrümpeln ausdrückt: *»Überlege, was dir wirklich etwas bedeutet. Mach dir keine Sorgen, wenn du zuerst nicht weißt, was das ist. Manchmal musst du dich erst von unwesentlichen Dingen befreien, um dir klar zu werden, was dir wirklich wichtig ist.«*[13] Je weniger wir besaßen, umso befreiter fühlten wir uns – ein positiver Nebeneffekt der Entrümpelung unseres Hauses. Mir gab es das Gefühl, der Verantwortung, die persönliche Besitztümer unvermeidlich mit sich bringen, zu entkommen. In unserem Haus befanden sich jetzt nur noch vier Matratzen und Bettzeug sowie acht gepackte Koffer. Wir waren frei von der Flut des materiellen Besitzes. Frei zu atmen. Frei zu träumen. Offen für einen neuen Anfang, ein neues Kapitel in unserem Leben, das begann, als ich vierzig wurde.

Ja, ich fühlte mich befreit und ich freute mich, wenn ich mir vorstellte, was die Zukunft für uns bereithalten mochte, aber dennoch stiegen immer wieder Zweifel in mir auf. War unsere Entscheidung wirklich richtig gewesen? Waren wir egoistisch? Wie würden sich die Kinder eingewöhnen? Hatte Gott uns wirklich zu diesem Schritt berufen? Was wäre, wenn nicht alles so funktionierte, wie wir es erwarteten? Was, wenn ich keine neuen Freunde finden würde? Was wäre, wenn …? All diese Fragen gingen mir durch den Kopf, während ich gleichzeitig voller Vorfreude die letzten Umzugsvorbereitungen traf.

Die Unsicherheit, die ich im Hinblick auf unsere Zukunft verspürte, quälte mich vor allem nachts. Oft wachte ich schweißgebadet auf. Den Tag über waren wir mit Packen beschäftigt, aber in der Stille der Nacht plagten mich Albträume.

WAR UNSERE ENTSCHEIDUNG WIRKLICH RICHTIG GEWESEN? HATTE GOTT UNS WIRKLICH ZU DIESEM SCHRITT BERUFEN?

Wir waren alle froh, als der Tag unserer Abreise endlich gekommen war. Die Zeit zwischen dem alten und dem neuen Kapitel unseres Lebens war sehr angespannt und wir waren bereit, uns ganz dem nächsten Teil zu widmen. Wir freuten uns auf dieses Abenteuer – den neuen Start in einem fremden Land. Alles in allem wussten wir nur sehr wenig über unser neues Heimatland, aber wir waren begierig, alles darüber zu lernen und in die neue Kultur, die wir begonnen hatten zu lieben und zu schätzen, einzutauchen.

Wie glücklich ich bin, etwas zu haben, das einen Abschied so schwer macht.

– *Winnie Puuh*[14]

An einem der letzten warmen Sommerabende luden wir unsere engsten Freunde zu einer schönen Gartenparty ein. Sie erwartete ein Buffet mit verschiedenen bunten, frischen Salaten, zartem Fleisch, Grillwürstchen und Getränken. Zusammen feierten wir unsere Freundschaft, unsere gemeinsame Geschichte, unsere Nöte, unsere Triumphe und unsere Liebe.

Es wurden viele Reden gehalten, bei denen kein Auge trocken blieb. Eine war emotionaler als die andere. Ich kann mich nicht mehr daran erinnern, was die einzelnen Personen genau sagten, ich weiß nur noch, dass sie mein Herz tief berührten. Wir fühlten uns geliebt, geschätzt und in unserem Vorhaben unterstützt. Unter viel Gelächter, Umarmungen, Tränen und gegenseitigen Segenswünschen verabschiedeten wir uns voneinander.

Der große Tag unserer Abreise war Mitte August 2013. Ich wachte schon früh am Morgen auf und war sehr aufgeregt. Wir sammelten unsere letzten Sachen ein und fuhren zum Flughafen. Angesichts des bevorstehenden Flugs und unserer Landung hatte ich Schmetterlinge im Bauch. Natürlich hatten wir diesmal keine Rückflugtickets.

Am Flughafen erwarteten uns unsere Eltern und unsere engsten Freunde. Ich muss schon sagen, die Atmosphäre war eher bedrückt, auch wenn wir selbst strahlten vor Vorfreude. Wir gaben unsere acht Gepäckstücke auf, die alles beinhalteten, was wir noch besaßen. Unsere Einreisevisa für Kambodscha hatten wir bereits besorgt. Die Kinder und ich hatten Visa, die uns die ständige Ein- und Ausreise erlaubten, da wir kambodschanischer Abstammung waren, ND hatte ein Touristenvisum, das er später zu einem Geschäftsvisum erweitern musste.

Als der Moment gekommen war, in dem wir uns endgültig verabschieden mussten, standen wir alle im Kreis und NDs Vater betete für uns. Wir umarmten uns ein letztes Mal und wollten uns gerade auf den Weg zur Sicherheitskontrolle machen, als Kimo plötzlich und völlig unerwartet in lautes, schmerzerfülltes Weinen ausbrach. So bitterlich und qualvoll hatte ich noch keines meiner Kinder weinen gesehen. Sein Geheul beinhaltete Schmerz, Trauer, Angst und die Befürchtung, dass er all die lieben Menschen, die wir hier zurückließen, schmerzlich vermissen würde. Sein Ausbruch traf alle, die sich am Flughafen versammelt hatten, bis ins Mark. Plötzlich war der Damm, der unsere Gefühle zurückhielt, gebrochen. Die Anspannung, die uns das ganze letzte Jahr über begleitet hatte, brach sich Bahn und die Tränen liefen ungehindert. Dennoch waren meine Tränen eher Tränen der Erleichterung als der Traurigkeit. Das vergangene Jahr mit all dem emotionalen Aufruhr und logistischen Herausforderungen hatte an meiner Kraft gezehrt.

Ich sah den anklagenden Blick in den Augen meiner Eltern, doch innerlich zuckte ich die Schultern und dachte: »Es gibt keinen Weg zurück. Wir machen einen Schritt nach dem anderen, aber immer vorwärts, nicht rückwärts.« Wir trösteten und ermutigten einander und hielten uns gegenseitig fest. Dann winkten wir unseren Freunden und Verwandten ein letztes Mal zu und verschwanden hinter den Schranken der Sicherheitskontrolle. Mit Schmerz und Freude zugleich traten wir in den neuen Abschnitt unseres Lebens ein.

Das war ein Leben, wie wir es uns selbst als Teil einer innovativen Church nie erträumt oder erwartet hätten. Es sollte eine Zeit werden, in der wir jeden Tag Gottes Führung sahen und lernten, ihm zu vertrauen.

Das Abenteuer beginnt

Heiße die Unsicherheit willkommen. Manche der schönsten Kapitel unseres Lebens bekommen erst sehr viel später einen Titel.

– Bob Goff[15]

Unsere Freunde in Siem Reap hatten uns angeboten, bei ihnen zu wohnen, bis wir ein eigenes Zuhause gefunden hatten. Unsere Ankunft in Kambodscha verlief glatt. An unserem ersten Tag kauften wir uns zwei neue Motorräder und begannen, die verborgenen Schätze unserer neuen Heimatstadt Siem Reap zu erkunden.

Wir suchten die örtlichen Märkte auf, wo die Kambodschaner ihre Waren an kleinen Ständen verkauften. Es wurde Fisch angeboten, von dem ein starker Geruch ausging, sowie Rinder-, Schweine- und Hühnerfleisch, das von Fliegen übersät war. Da ich an die schweizerischen Supermärkte gewöhnt war, war es eine Herausforderung für mich, meine Lebensmittel auf den streng riechenden Märkten zu kaufen. Ich fand Stände, an denen ich frische, köstliche Früchte und Gemüsesorten kaufen konnte, aber ich hatte meine Probleme damit, hier Fleisch zu kaufen. In einem westlichen Supermarkt fand ich schließlich abgepacktes Fleisch, doch dann wurde mir klar, dass auch dieses Fleisch von dem örtlichen Markt stammte und dann zu einem höheren Preis weiterverkauft wurde.

Ich begann, auf dem Markt über den Preis meiner Lebensmittel zu verhandeln, und mit der Zeit fand ich sogar Gefallen daran.

In der zweiten Woche nach unserer Ankunft begann für unsere Kinder der Unterricht auf ihrer neuen Schule. Es war eine internationale christliche Schule, angeblich die beste in Siem Reap, die viele Missionarskinder besuchten. Wir fuhren Noa und Kimo jeden Morgen mit unseren Motorrädern hin, wie es alle Familien hier taten. Da sie ein bisschen Englisch verstanden, lernten sie die Regeln und Gepflogenheiten der Schule recht schnell, doch es fiel ihnen schwer, dem Unterricht zu folgen und sich mit ihren Mitschülern zu verständigen, weil diese nur Englisch sprachen.

Eines Nachmittags nach dem Unterricht fragte ich Kimo, wie es ihm in der neuen Schule gefiele. Er antwortete: »Wie kann es mir dort gefallen, wenn ich kein Englisch verstehe?« Also machten wir es uns zu einer Priorität, nach der Schule noch Englisch mit ihm zu lernen. Englisch war ohnehin die Verkehrssprache in Siem Reap, und da wir unseren Khmer-Unterricht noch nicht begonnen hatten, war es derzeit die einzige Sprache, die wir mit den Khmer teilten.

Uns wurde klar, dass wir uns an unsere neue Lebenssituation anpassen mussten, indem wir eine Hürde nach der anderen nahmen. Einige von ihnen waren schwierig zu meistern, andere einfacher und bei manchen machte es sogar Spaß. Abgesehen von der Sprache mussten wir auch lernen, wie der Verkehr in Asien funktionierte, und wir mussten ein Haus finden und Möbel kaufen, ohne eine Ikea-Filiale oder Ähnliches in der Nähe zu haben. Eine weit größere Herausforderung war es jedoch, uns mit der Kultur des Landes vertraut zu machen, etwas über seine komplexe Geschichte zu lernen und den Kindern bei den Schulaufgaben zu helfen. Und nicht zuletzt standen wir vor der Frage: Wie sollen wir es anfangen, die Church unserer Träume zu gründen?

Bevor wir die Schweiz verlassen hatten, hatte mich eine Freundin gefragt: »Glaubst du nicht, dass ein Urlaub in Kambodscha etwas völlig anderes ist, als dort zu leben?«

WIE SOLLEN WIR ES ANFANGEN, DIE CHURCH UNSERER TRÄUME ZU GRÜNDEN?

Ich kann ihren Standpunkt heute sehr gut verstehen, auch wenn meine Argumentation damals eine andere war. Es gefiel uns, immer wieder Neues auszuprobieren und neue Herausforderungen zu meistern. Wir machten als Familie sogar ein Spiel daraus. Wir feierten jeden Tag, an dem wir eine neue Hürde genommen hatten, mit *High Five* oder etwas Leckerem zum Essen oder Trinken aus dem Khmer-Restaurant. Den Anfang machten wir mit gebratenem Reis mit Hühnchen. Dieses Gericht war so köstlich, dass es eine ganze Weile dauerte, bis wir genug davon hatten. Dann erweiterten wir unseren Speiseplan, indem wir immer wieder etwas anderes probierten: *Lok Lak*, ein Rindfleischgericht, das normalerweise mit einem Spiegelei und Kampotpfeffersauce serviert wird; *Amok*, ein aromatischer Fischeintopf mit Reis als Beilage; Pfannkuchen nach Khmer-Art, die man entweder mit süßen Füllungen wie Bananen oder Schokolade oder pikanten Füllungen wie Frühlingszwiebeln und Eiern bekommt; Khmer-Leckereien vom Grill; *Tom-Yun-Suppe*, eine rote Suppe mit einem würzigen Aroma; vegetarische und nicht vegetarische Frühlingsrollen; Schweinefleisch mit Reis; Nudelsuppe und alle möglichen Arten von Fruchtsmoothies und landestypischen Delikatessen.

Die nächste Herausforderung, die wir bewältigen mussten, war die Suche nach einem Haus oder einer Wohnung. Eine Maklerfirma sollte uns dabei unterstützen, etwas zu finden, das zu unserem Budget passte. Voller Begeisterung sahen wir uns zusammen mit dem Makler verschiedene Objekte in Siem Reap an, doch uns wurde schnell klar, dass es schwieriger war, als wir gedacht hatten, etwas zu finden, das unseren Vorstellungen entsprach. Nachdem wir einen ganzen Tag damit verbracht hatten, uns Dutzende von Häusern anzusehen, kamen wir abends staubig, mit zerzaustem Haar und enttäuscht wieder zurück. Keines der Häuser eignete sich in unseren Augen dafür, in diesem tropischen Land das Zuhause unserer Familie zu werden. Manche waren einfach zu groß, wenig ansprechend oder sogar ein wenig heruntergekommen, bei anderen gefiel uns die Aufteilung der Räume nicht oder sie waren in einer unschönen Gegend.

Nachdem sich dasselbe mehrere Tage lang wiederholt hatte, beschlossen wir, unser Budget zu erhöhen, weil unser Haus sehr wichtig für uns war. Wir hofften, dass wir dadurch etwas finden würden, das uns wenigstens annähernd den gewünschten Komfort bot und es mir ermöglichte, Gäste zu beherbergen, wie ich es immer oft und gerne getan hatte. Tatsächlich führte die Anpassung unseres Budgets dazu, dass die Häuser, die wir uns nun ansahen, viel eher dem entsprachen, was wir suchten.

Schließlich zeigte uns der Makler ein Haus, in das wir uns sofort verliebten. Es war ein Holzhaus in dem traditionellen Baustil der Khmer, dunkelbraun mit einem Giebeldach. Eigentlich waren es zwei Häuser nebeneinander mit einem offenen Erdgeschoss und zwei Räumen im ersten Stock. Jeder Raum hatte ein kleines Badezimmer. Die Küche war leider nur mit dem Allernotwendigsten ausgestattet. Es befanden sich lediglich ein Gasofen, ein paar Regale und eine Spüle darin, doch sie hatte trotzdem ihren Charme. Das

Erdgeschoss hatte keine Fenster, nur Moskitogitter, aber das störte uns nicht. Uns gefiel die Einfachheit des Hauses. Wenn man eine steile Treppe hinaufstieg, gelangte man auf einen Balkon aus Holz, von dem aus es in die mit einer Klimaanlage ausgestatteten Zimmer ging. Auch hier gab es anstelle von Fenstern nur Moskitonetze und Klappläden, doch wenn man diese schloss, blieb es kühl im Raum, ohne dass es im Inneren stockdunkel war. Als wir das Haus sahen, wussten wir, dass es unser nächstes Zuhause sein würde. Es war nicht perfekt, aber im Gegensatz zu den vielen anderen Häusern, die wir uns schon angesehen hatten, fühlten wir uns wohl damit. Leider hatten wir damals die heißeste Zeit in Kambodscha – von März bis Mai – noch nicht erlebt. Im Nachhinein waren wir uns einig, dass wir dieses Haus ganz sicher kein zweites Mal wählen würden, doch zu diesem Zeitpunkt passte es einfach zu unseren Bedürfnissen.

In Kambodscha lautet eine unausgesprochene Regel, dass man über Preise verhandelt. Wenn man sich dafür die Zeit nimmt, bekommt man einen besseren Preis als bei einem schnellen Abschluss. Nachdem zwischen dem Vermieter und uns einige Angebote und Gegenangebote hin- und hergegangen waren, einigten wir uns schließlich auf einen Mietpreis, der für beide Seiten akzeptabel war. Mit einem Daumenabdruck von mir neben den Unterschriften besiegelten wir den Vertrag und lernten auf diese Weise gleich einen neuen Brauch des Landes kennen.

Nun machten wir uns an die Vorbereitungen für unseren Einzug. Da wir nur acht Koffer mitgebracht hatten, in denen sich vor allem Kleidung befand, und das Haus praktisch leer war, mussten wir alles neu kaufen – Betten, Schränke, Tische, Stühle, einen Kühlschrank, Küchenutensilien, Handtücher und so vieles mehr.

Wie wir feststellen mussten, gab es in der Nähe kein Möbelhaus, in dem man seine Möbel einfach aussuchen und gleich mitnehmen konnte, zumindest zu dieser Zeit noch nicht. Heute gibt es an einer der Hauptstraßen in der Stadt ein großes Möbelgeschäft, aber dort werden nur importierte und zum Teil sehr billig gefertigte chinesische und thailändische Waren verkauft, die uns ohnehin nicht gefallen hätten. Wir wollten Möbel, die etwas aushielten und zu uns passten. Schließlich machten wir Zeichnungen für einen Tisch, Schränke und Betten und ließen sie von einem Schreiner nach unseren Wünschen anfertigen. Das war praktisch unsere einzige Möglichkeit, unser Haus zu möblieren. Überall anders hätte uns das ein Vermögen gekostet, deshalb war ich überrascht, dass der Preis in etwa dem entsprach, was wir in anderen Ländern für aus Spanplatten gefertigte Möbel hätten bezahlen müssen. Es machte mir Spaß, nach Möbeln zu googeln, die mir gefielen, um sie dann abzuzeichnen und mit den entsprechenden Maßen zu versehen. So war ich beschäftigt und hatte das Gefühl, dass es mir gut gelang, unser neues Haus in ein Heim zu verwandeln.

Als alles fertig war, zogen wir bei unseren Freunden aus und begannen in unserem eigenen neuen Zuhause offiziell unser neues Leben.

Gleich früh am Morgen nach der ersten Nacht in unserem neuen Haus bekamen wir einen Anruf von unserem Freund. Er war sehr aufgeregt und erzählte uns, dass gegen fünf Uhr morgens in der Nähe von Siem Reap ein Damm gebrochen und das Wasser dabei sei, die Stadt zu überfluten. Der Pegel stieg mit jeder Stunde noch weiter an. Er riet uns, alle elektrischen Geräte in den ersten Stock zu bringen. Wir gingen auf den Balkon hinaus und hielten

Ausschau nach dem Wasser, doch selbst nach einer Stunde war noch nichts zu sehen. Schließlich stieg ND auf sein Motorrad und fuhr ins Zentrum von Siem Reap, wo unsere Freunde wohnten. Er kam mit beängstigenden Neuigkeiten zurück. Die gesamte andere Hälfte der Stadt war überflutet. Alle Häuser, die nicht auf Pfählen gebaut waren, waren betroffen und die Menschen versuchten erfolglos, das Wasser aus ihren Häusern zu schöpfen. Einige Familien, die direkt neben dem Damm wohnten, hatten ihr Leben verloren. Es war ein Schock für die ganze Stadt.

Dennoch fuhren wir die Kinder auch an diesem Morgen in die Schule, aber als wir dort ankamen, sahen wir, dass sie ebenfalls überflutet war. Da wir neu in der Gegend waren, hatte der Direktor nicht gewusst, wie er uns erreichen konnte, um uns Bescheid zu sagen. Also fiel die Schule an diesem Tag aus, was den Kindern natürlich gut gefiel. Sie bekamen noch Hausaufgaben mit und wir verbrachten den Tag zusammen in einem Café, das den Fluten entgangen war. Dann fuhren wir nach Hause. Da wir am Tag zuvor erst eingezogen waren, gab es hier noch einiges zu tun. Viele Dinge, die in einem Haushalt unerlässlich sind, mussten wir noch kaufen – Geschirrtücher, Seife, Fensterreiniger, Desinfektionsmittel, Fußmatten, Teller und Besteck und viele weitere Kleinigkeiten, die man jeden Tag braucht.

Die Zeit, in der wir uns einrichteten und anfingen, uns wirklich zu Hause zu fühlen, war sehr inspirierend. Zusammen mit unseren Freunden fingen wir an zu träumen, Pläne zu schmieden und für die Church, die wir gründen wollten, zu beten. Wir trafen uns jeden Sonntag bei unseren Freunden, sangen ein paar Lieder und hörten uns eine kurze Predigt an. Anschließend aßen wir zusammen.

Für den Worship in unserem Mini-Gottesdienst, also die Zeit, in der wir Gott mit Liedern die Ehre gaben, stellten wir einen kleinen Lautsprecher auf. Ich sollte als Zeremonienmeisterin fungieren, obwohl ich zu ND sagte: »Ich glaube, es ist etwas übertrieben, für gerade einmal ein halbes Dutzend Menschen einen Zeremonienmeister zu haben.« Er antwortete: »Stell dir einfach vor, es seien Hunderte von Menschen hier. Das ist ein gutes Training für die Zukunft.« Wie Abrahams Frau Sarah glaubte ich nicht, was er sagte, und lachte.

Einige Wochen später jedoch war das Wohnzimmer unserer Freunde voller Menschen, Khmer wie auch Ausländer. Wir hatten die Menschen einfach eingeladen und unsere erste Khmer-Besucherin war unsere Khmer-Lehrerin, die wiederum ihre Geschwister und Freunde einlud. Nach einigen Monaten mussten wir noch mehr Stühle und eine bessere Musikanlage kaufen und während des Gottesdienstes eine Kinderbetreuung organisieren. Ich war nach wie vor die Zeremonienmeisterin und plötzlich ergab alles einen Sinn. Ich hatte diese Rolle geübt, als die Gruppe noch klein war, und plötzlich wuchs sie vor meinen Augen rasant an.

EINIGE WOCHEN SPÄTER WAR DAS WOHNZIMMER UNSERER FREUNDE VOLLER MENSCHEN.

Die Lehrerin und ihre Schwester sprangen als Übersetzerinnen ein und übersetzten unser Englisch in die Khmer-Sprache. Die Gottesdienste wurden für die jungen Kambodschaner immer attraktiver. Wir hatten noch keine Band, deshalb sangen wir die Lieder im Karaoke-Stil und zeigten dazu Musikvideos mit Untertiteln. Der Stil unserer Predigten und Lieder war für die Khmer völlig neu, obwohl sie auch zuvor schon in Gottesdiensten gewesen waren.

Eine amerikanische Frau widmete sich liebevoll der Aufgabe, die Kinderkirche zu organisieren. Sie bereitete fünfzehn kleine Handwerk-Sets für die Kinder vor, doch am darauffolgenden Sonntag kamen nicht nur fünfzehn, sondern fünfzig Kinder. ND sagte ihr, dass Gott ihr jetzt mehr gebe, weil sie im Kleinen treu gewesen sei.

Eines frühen Sonntagmorgens fuhren wir zum Haus unserer Freunde, wo wir immer noch unseren Gottesdienst abhielten. Als wir ankamen, wartete ein etwa achtjähriger, schmutziger Junge in schäbigen Kleidern bereits vor dem Haus. Es war erst sieben Uhr morgens! Er wusste nicht, wann der Gottesdienst anfing, und so wartete er einfach, um die Kinderkirche keinesfalls zu verpassen. Menschen wie die Amerikanerin und dieser kleine Junge berührten uns sehr.

Jeden Sonntag kamen noch mehr Menschen in den Gottesdienst und die Zahl der kleinen Teilnehmer der Kinderkirche lag bald bei über hundert. Uns fiel jedoch auf, dass immer mehr Kinder kamen, die blaue Flecken oder Wunden hatten. Ein Junge hatte eine Brandwunde an seinem Fuß, die so schlimm war, dass er kurz vor einer Blutvergiftung stand. Wir mussten ihn sofort ins Krankenhaus bringen, damit er behandelt wurde. Andere Kinder hatten kleine Wunden an den Fingern oder Knien, die sie sich beim Spielen oder Hinfallen zugezogen hatten. Sie brauchten nur ein wenig Erste Hilfe sowie Aufmerksamkeit und Liebe.

Als wir im Team zusammensaßen und uns darüber unterhielten, waren wir uns einig, dass wir unseren Gottesdienstbesuchern nicht von Jesus erzählen konnten, der die Kranken heilte, ohne ihnen in unserer Kirche auch bei ihren körperlichen Problemen zu helfen. So gründeten wir eine dringend benötigte Erste-Hilfe-Station. Wenn die Kinder nun kamen, kümmerten wir uns zuerst um ihre Verletzungen. Erst wenn alle versorgt waren, starteten wir mit dem Programm, das aus Geschichten und Spielen bestand. Es wurde zur Gewohnheit, dass wir unsere freiwilligen Helfer aus Übersee darum baten, Pflaster für die Kinder (mit Prinzessinnen, Tieren und Superhelden darauf) mitzubringen, wenn sie bei uns dienten.

Zwei Männer und zwei Frauen in den Zwanzigern, die aus Deutschland und der Schweiz zu uns kamen, waren unsere ersten ehrenamtlichen Helfer aus dem Ausland. Sie halfen uns bei verschiedenen Aufgaben, von denen ND und ich wenig Ahnung hatten. Einer der jungen Männer rief ein Fahrrad-Team ins Leben, der andere kümmerte sich um das Catering und die Getränke. Eine der Frauen war Buchhalterin und übernahm entsprechende administrative Aufgaben, die andere unterstützte uns bei der Bearbeitung der Videoaufnahmen.

Unser Freund kaufte ein Stück Land für die Church und baute das erste Haus mit einem großen, überdachten Garten, damit die Kinder während der heißen Jahreszeit im Schatten spielen konnten und bei Regen trocken blieben. Seine Frau war verantwortlich für die Erste Hilfe. Die Amerikanerin kümmerte sich nach wie vor um die Kinderkirche und ihr Mann war unser Grafikdesigner. Kimo, unser Sohn, übernahm das Amt des Beleuchters, auch wenn das anfangs nur bedeutete, das Licht ein- und auszuschalten, und unsere Tochter Noa überwachte den Multimedia-Bereich. ND und ich leiteten das Team und waren verantwortlich für die Predigten, die Kleingruppen, Kurse und die Beschaffung finanzieller Mittel. Es war begeisternd zu sehen, wie gut die Mitarbeiter unseres Teams zusammenarbeiteten.

Die Nachricht von unserer neu gegründeten Church sprach sich schnell herum, und die Menschen sahen in den sozialen Medien, wie sie sich entwickelte. Viele waren begierig darauf, uns in Kambodscha zu besuchen oder für eine Weile in der Church zu dienen. Meine Aufgabe bestand jetzt darin, Einsatzmöglichkeiten für die ehrenamtlichen Mitarbeiter zu schaffen und sie darauf vorzubereiten, was sie in dem ihnen fremden Land erwartete. Es war erst wenige Monate her, dass ich selbst diese Dinge gelernt hatte, jetzt gab ich mein neu erworbenes Wissen über die kulturellen Unterschiede und Gepflogenheiten in Siem Reap an andere weiter. Ich ging völlig auf in meiner Rolle und meiner neuen Verantwortung und es war sehr befriedigend für mich, Menschen kennenzulernen, die unsere Arbeit unterstützen wollten.

Insbesondere war ich in meinem Element, wenn ich die neuen Mitarbeiter vom Flughafen abholte und ihnen erklärte, wo sie Lebensmittel kaufen konnten, welche Restaurants wir mochten, wenn ich ihnen unsere Church zeigte, ihnen half, eine Unterbringung für sie zu finden, und mir überlegte, für welche Aufgabe auf unserem Campus sie am besten geeignet waren. Seitdem wir ausgewandert sind und die Church gegründet haben, hatten wir mittlerweile über hundert ehrenamtliche Mitarbeiter, teils nur für kurze Zeit, teils auch länger. Mit einigen dieser kostbaren Menschen schloss ich enge Freundschaften. Wir waren alle Fremde in diesem Land und unsere gemeinsamen Erfahrungen woben ein Band zwischen uns.

So wuchs unsere Church immer mehr und sie fühlte sich eher an wie eine Familie als eine Church.

Eine der schönsten Eigenschaften der Kambodschaner ist ihre Gastfreundschaft und ihre Großzügigkeit. Man ist immer willkommen in ihrem Haus, an ihrem Tisch, bei ihren Festen und in ihrem Leben. Es ist einfach, einander kennenzulernen. Es spielt keine Rolle, welche Hautfarbe oder Nationalität jemand hat, wie alt jemand ist oder wie viel Geld er besitzt. Es ist eine tägliche Gewohnheit, mit anderen Menschen zusammen zu sein und das Leben mit ihnen zu feiern.

Das genoss ich sehr, dagegen war es für mich eher ein Problem, mich daran anzupassen, wie die Menschen aus asiatischen Kulturen mit der Zeit umgingen, weil sich das so sehr von unserer westlichen Sichtweise unterschied. Die Menschen kamen in unseren Garten und spielten Tischtennis, obwohl wir vielleicht gerade mit dem Abendessen begonnen oder einen Familienabend geplant hatten. Oft gingen sie nicht, bis ich ihnen allen Essen serviert hatte, weil man das in ihren Dörfern eben so machte, während es nach westlicher Lebensart eher üblich ist, zwischen dem Privatleben und spontanen Zusammenkünften eine Grenze zu ziehen.

Ich beschloss, ab sofort zu kommunizieren, was ich wollte. Ich musste lernen, zu entscheiden, ob ich in dem Moment meine Privatsphäre brauchte oder ob ich bereit war, spontane Besucher willkommen zu heißen und ihnen meine volle Aufmerksamkeit zu widmen. Zog ich eine Grenze, hatte ich allerdings oft ein schlechtes Gewissen, weil man als Besucher in einem Haus der Khmer immer willkommen ist. Man bekommt sofort einen Stuhl, kaltes Wasser und etwas zu essen, ganz gleich, wie viel die Familie selbst zu essen hat. Insofern war es manchmal eine Gratwanderung, klar zu sagen, was ich gerade brauchte, oder auch mal meine Bedürfnisse hintenanzustellen.

Es war demütigend, einige meiner strengen schweizerischen Gewohnheiten abzulegen, um mich an meine neue Umgebung anzupassen. Dennoch war ich durchaus motiviert. Schließlich hatte ich die Gabe der Gastfreundschaft, und wenn ich mich in ein paar Punkten anpasste, konnte ich meine frühere Denkweise ablegen und die Spontaneität der Khmer-Gäste und Freunde willkommen heißen. Im Grunde wies diese Einstellung mehr Gemeinsamkeiten mit meiner eigenen auf als Unterschiede.

> ICH KONNTE MEINE FRÜHERE DENKWEISE ABLEGEN UND DIE SPONTANEITÄT DER KHMER-GÄSTE UND FREUNDE WILLKOMMEN HEISSEN.

Abgesehen davon, dass unsere Kinderkirche wuchs, kamen auch immer mehr Teenager in unseren Morgengottesdienst. So langsam machte sich eine Kluft zwischen den Altersgruppen bemerkbar. ND sah in einem der jungen Männer bemerkenswertes Potenzial. Deshalb traf er sich mit ihm in einem Café und fragte: »Würdest du gerne eine Gruppe leiten?« Er fühlte sich bestätigt und bejahte voller Begeisterung. Darauf sagte ND: »Dann wirst du von jetzt an den Gottesdienst für die Teenager leiten.«

»Aber wie soll ich das tun?«, fragte er.

»Ich werde es dir zeigen. Folge mir einfach«, erwiderte ND.

»Heißt das, dass ich dir folgen soll wie ein Schatten?« Seine Verwirrung stand dem jungen Kambodschaner ins Gesicht geschrieben.

Das führte dazu, dass ND darüber nachdachte, was Jesus tatsächlich gemeint hatte, als er zu seinen Jüngern gesagt hatte: »Folge mir nach«. Zeigte er ihnen Schritt für Schritt, welche Rolle sie einnehmen sollten? Gingen sie einfach nur neben ihm her, während er seinen Dienst tat? ND musste sich mit diesen Fragen auseinandersetzen, um diesem kambodschanischen Jungen der beste Mentor zu sein, den es nur geben konnte. Am Ende vereinbarten sie, dass der junge Mann einfach überallhin gehen würde, wo ND hinging, und alles tun würde, was ND tat. Der Junge arbeitete abends als Nachtwächter in einem Hotel, und den Tag über besuchte er mit ND Meetings und Gottesdienste. Er lernte vieles, nur indem er ND beobachtete, und schon bald wurde er zu einem geschätzten Leiter in unserer Bewegung. Das war wie bei Timotheus, der von Paulus gelehrt wurde, die Leiterschaft der Gemeinde in Ephesus zu übernehmen.

Innerhalb einiger Monate hatten wir Gottesdienste für drei Altersgruppen: Kinder, Teenager und Erwachsene. Ursprünglich hatten wir einen Gottesdienst für Kambodschaner in den Mittzwanzigern geplant, die gebildet waren und Englisch sprachen, doch das war nicht Gottes Plan. Er öffnete die Tür für die ungebildeten Kinder und Teenager aus den ländlichen Gegenden der Provinz und so passten wir uns ihm an. Wenn es nicht Gottes Plan war, jene zu erreichen, die wir im Sinn gehabt hatten, würden wir den Weg gehen, den er für uns vorbereitet hatte. Jeder war uns willkommen.

Nach einem Jahr beschlossen wir, eine Eröffnungsfeier abzuhalten. Für dieses Ereignis mieteten wir das größte Restaurant der Stadt. Wir planten ein gemeinsames Essen mit anschließendem Gottesdienst, der einen Worship- und einen Predigtteil enthalten sollte. Als der Tag gekommen war, stellten wir frühmorgens Stühle auf, dekorierten den Raum, machten den Soundcheck und probten die Worship-Lieder und die Predigt. Auf einen separaten Tisch legten wir die T-Shirts, die wir als Geschenk für die Besucher hatten anfertigen lassen und die ich verteilen sollte.

Ich war auf den glorreichen Gedanken gekommen, dass es schön wäre, wenn die T-Shirts rochen wie frisch gewaschen, wenn wir sie verschenkten. Anhand eines Rezepts aus dem Internet stellte ich ein *Febreze*-ähnliches Spray her, mit dem wir die zweitausend Shirts besprühten. Doch das war keine gute Idee. Abgesehen davon, dass danach der ganze Fußboden glitschig von der Seife war, die ich benutzt hatte, interessierte es niemanden, wie die T-Shirts rochen!

Nachdem um dreizehn Uhr noch immer kein Essen für die vielen ehrenamtlichen Mitarbeiter geliefert worden war, fragten wir denjenigen aus unserem Team, der für das Catering zuständig war, wo es blieb. »Oh, ich habe vergessen, das zu organisieren. Aber Essen wird sowieso überbewertet. Wir sollten jetzt lieber arbeiten«, erwiderte unser Freund. Spätestens in diesem Moment wurde ND und mir klar, wie unterschiedlich die Personen waren, aus denen sich unser Team zusammensetzte. Wir mussten uns dringend eine neue Kultur überlegen, die gewährleistete, dass unsere Kommunikation und unsere Zusammenarbeit funktionierten. Da wir das bisher versäumt hatten, gab es an diesem Tag nichts zu essen.

Als der Gottesdienst beginnen sollte, standen Hunderte von Menschen vor der Tür. Wir trauten unseren Augen nicht. Einige Polizisten halfen uns, die Menge zu lenken. Als wir die Tür öffneten, strömten die Menschen herein, doch als zweitausendfünfhundert im Saal waren, mussten wir die Türen wieder schließen.

Von manchen Familien waren einige Mitglieder im Raum, während die anderen noch draußen standen. Die Menschen kletterten sogar über die Wände, um an dem Eröffnungsgottesdienst unserer Church teilnehmen zu können. Mehr oder weniger lief alles wie geplant, aber dennoch empfand ich es als ein großes Durcheinander. Ich hatte keine Ahnung, ob die Menschen tatsächlich verstanden, was hier vor sich ging, oder ob die Kambodschaner nur gekommen waren, weil ihnen große Versammlungen mit Essen und Geschenken gefielen.

Als wir nach diesem langen Tag erschöpft nach Hause kamen, fragten wir uns, ob das ein Vorgeschmack darauf gewesen war, wie eine Church in Kambodscha aussehen konnte. Ich fragte: »Jesus, ist das dein Plan?« Was wir heute erlebt hatten, hatte alle unsere Erwartungen übertroffen. »Wenn das so ist, dann statte mich bitte mit allem aus, was ich dafür brauche.« Das war mein letzter Gedanke, bevor ich in einen tiefen, traumlosen Schlaf fiel.

Mutter einer Generation

Jeder hat eine Berufung zu einer Art Lebenswerk. Doch hinter dieser Berufung (und vordringlicher als jede Berufung) haben alle die Berufung, in Christus Jesus vollkommen und zutiefst menschlich zu sein.

– Brennan Manning[16]

Viele Jahre lang hatte ich es auf dem Herzen, ein Kind zu adoptieren und ihm eine zweite Chance zu geben, wie auch ich sie bekommen hatte. Ich war von einem liebevollen Ehepaar adoptiert worden. Warum sollten wir nicht dasselbe für ein Kind tun? Da wir in Kambodscha lebten, war diese Idee nicht so abwegig. Hier gab es viele Kinder in Not. Manche von ihnen hatten Eltern, die jedoch nicht in der Lage waren, sich um sie zu kümmern, andere hatten keine Familie mehr. Ich bekam oft E-Mails von allen möglichen Organisationen, in denen wir gebeten wurden, ein Kind zu unterstützen oder sogar in Pflege zu nehmen. »*Mrs. Strupler, da ist ein Baby, das keine Eltern mehr hat. Würden Sie sich gerne um das Kleine kümmern?*« Sozialarbeiter und Hilfswerke kamen auf uns zu und baten uns um Hilfe, wenn beispielsweise ein Mädchen im Teenageralter ein Kind geboren hatte, das es unmöglich ernähren konnte.

Ich kannte die Menschen nicht, die mir diese E-Mails schickten, und wusste auch nicht, wie sie an meine Mailadresse gelangt waren. Ich antwortete darauf stets, dass für uns jetzt nicht der richtige Zeitpunkt dafür sei, da wir erst vor Kurzem in das Land gezogen seien und noch nicht richtig Fuß gefasst hätten. In meinen Gebeten sagte ich Gott, wenn wir uns um ein benachteiligtes Kind kümmern sollten, müsse es vor meiner Tür oder unserem Gartentor liegen, genauso wie es bei mir der Fall gewesen war.

Die Idee von einem Baby auf meiner Treppe war nicht neu. Ich hatte sie schon seit vielen Jahren gehabt, aber ich erzählte ND erst viel später davon. Natürlich hielt er es für sinnvoll, einem Kind in Not zu helfen, aber er sah das Bild nicht mit derselben Klarheit wie ich. Im Rahmen unserer Church waren es Hunderte von Kindern, denen wir halfen, nicht nur ein einziges verlassenes Baby, und wir waren noch nicht lange genug hier, um abschätzen zu können, wie sich unsere Arbeit hier entwickeln würde. ND ging es hauptsächlich darum, einem Kind dieselben Chancen zu geben, die unsere eigenen Kinder (und ich) gehabt hatten, zum Beispiel Schulbildung und eine Berufsausbildung. Ich hingegen war nur bereit, ein weiteres Kind in mein Heim aufzunehmen, wenn es so in mein Leben trat, wie es meiner Vision entsprach.

Wenn ich frühmorgens unsere Haustür und das Gartentor öffnete, hielt ich jedes Mal den Atem an und mein Herzschlag beschleunigte sich. Würde heute ein Baby vor der Tür liegen? Unsere Kinder waren bereits Teenager. Wenn ich ein Kind großziehen müsste, würde alles von vorn beginnen. Mir kam oft ein Bild von mir selbst als kambodschanisches Baby mit glattem, schwarzem Haar in den Sinn. Ich musste nicht meine Fantasie bemühen, um mir vorzustellen, wie ich damals ausgesehen hatte. Wir haben Fotos von diesen Tagen in Phnom Penh, auf denen zu sehen ist, wie Margrit mich mit einem Tuch auf ihre Hüfte gebunden hatte, sodass sie mich überall mit hinnehmen konnte. Was wäre, wenn sich die Vergangenheit in gewisser Weise wiederholte? Ich könnte genau das tun, was auch für mich getan worden war.

Auf dem ICF-Campus findet jeden Samstag ein Gottesdienst für Teenager statt, aber tatsächlich ist es so viel mehr als das. Jede Woche rollen etwa zehn große, blaue Trucks voll mit Teenagern aus den Dörfern heran. An einen dieser Samstage erinnere ich mich besonders gut. Die Kinder freuten sich so sehr, hier zu sein. Sie hatten ihre besten Sachen angezogen. Die Mädchen trugen hübsche Kleider und Ohrringe und hatten Lippenstift aufgelegt, die Jungen steckten in Button-Down-Shirts oder schönen T-Shirts und hatten ihr Haar gegelt. Manche trugen Flipflops, andere Sneakers. Sie kamen alle eine Stunde vor Gottesdienstbeginn, weil wir so viele andere Aktivitäten anboten, die ihnen Spaß machten.

Es spielte rhythmische Musik und wir hatten auf dem ganzen Gelände Stationen für Fußball, Karaoke, Kickboxen, Dosenwerfen, Tennis, Basketball, Tanzen, Fotografieren und vieles mehr aufgebaut. Die Kinder hatten eine schöne Zeit miteinander und schlossen neue Freundschaften. Natürlich gab es vor dem Gottesdienst auch etwas zu essen. Dann begann der Zeremonienmeister herunterzuzählen, wir öffneten die Türen des Gottesdienstraums und die Kinder liefen hinein und füllten den Raum. Sie waren so begeistert und die Atmosphäre war voll freudiger Erwartung.

An diesem Samstagabend nahm ich an dem Jugendgottesdienst teil. Als ich meinen Blick während des Worship zwischen den Hunderten von leidenschaftlich singenden Teenagern umherschweifen ließ, verschwamm plötzlich alles vor meinen Augen und auf einmal hörte ich Gottes Stimme in meinem Kopf. Das war nicht nur einer meiner eigenen Gedanken oder Wünsche wie jener, der uns damals hierhergebracht hatte, sondern ich hörte deutlich eine klare Stimme in meinem Kopf, die vor dem Hintergrund der Musik und des Singens der Kinder ruhig zu mir sprach. Ich wurde von großer Ehrfurcht erfüllt. Als ich seine Worte hörte, wurde mir plötzlich klar, dass es nicht Gottes Bestimmung für mich war, ein einzelnes Kind zu adoptieren. Jetzt erkannte ich die wahre Bedeutung meiner Vision.

Gott sagte: »Sophal, sieh dich um. Ich weiß, dass du ein Kind adoptieren willst. Aber was ist, wenn das Kind, das ich dir geben will, nicht vor deiner Tür liegt, sondern direkt vor deinen Füßen? Und was ist, wenn es nicht nur ein Kind ist, sondern eine ganze Generation? Ich möchte, dass du die Mutter einer ganzen Generation wirst.«

Es war eine große Erleichterung für mich, als ich endlich verstand, was Gott all die vergangenen Jahre über zu mir gesagt hatte. Nach dem Gottesdienst umarmte ich jedes der Kinder ein wenig fester und länger, als ich es normalerweise tat. Als ich sie ansah, merkte ich, dass Gott meine Augen für ihren Schmerz und ihre Not geöffnet hatte. Mir wurde klar, dass viele von ihnen in ihrer Familie nicht die Liebe bekamen, die sie verdienten, und darüber hinaus eine schwere Last trugen. Ich wusste, dass ich dazu beitragen wollte, ihr Leben leichter und besser zu machen.

ICH MÖCHTE, DASS DU DIE MUTTER EINER GANZEN GENERATION WIRST.

Schließlich stiegen die Kinder wieder auf die Trucks und ich winkte ihnen voller Wärme in meinem Herzen hinterher.

Als ich während des Gottesdienstes zwischen all den Kindern gesessen hatte, die vor Freude hüpften und Gott anbeteten, waren mir heiße Tränen über die Wangen gelaufen. Ich hatte nicht geweint, weil Gott mir gesagt hatte, dass wir kein weiteres Baby in unserer Familie haben würden. Ich war einfach so voller Ehrfurcht vor meinem Gott und spürte so tief in meinem Inneren, wie sehr er mich liebte, dass sich meine überfließende Liebe zu ihm in meinen Tränen der Dankbarkeit ausdrückte.

Dennoch fragte ich mich auch danach: Wie konnte ich die Mutter einer ganzen Generation sein? Wie würde das funktionieren? Was musste ich tun, um das zu verwirklichen?

Eines Morgens stellte ich Gott diese Frage im Gebet. »Gott, wie kann ich zu der Mutter werden, zu der du mich berufen hast?«

Ich hatte eine sehr geistliche Antwort erwartet, doch sie war sehr simpel und sachlich. Gott sagte: »Du brauchst gar nichts zu tun. Ich werde es tun. Mach dir keine Sorgen. Warte einfach ab und sieh, was passiert.«

Monate und Jahre sind seitdem vergangen und viele der Teenager, jungen Erwachsenen und ehrenamtlichen Mitarbeiter nennen mich *Mom*. Ich höre von Mitgliedern unserer Church-Familie oft Sätze wie:

»Danke, dass du mir eine neue Familie geschenkt hast. Ich habe hier das Gefühl dazuzugehören. Das habe ich vorher nie gekannt.«

»Danke, dass du mir zuhörst wie eine Mutter.«

»Danke, dass du mich an deinen Tisch einlädst, um mit dir zu essen.«

»Danke für deine liebevolle Umarmung.«

»Danke, dass du mit deiner Familie hier in Kambodscha bist. Durch euch habe ich eine neue Familie bekommen.«

Eine Geschichte von einem meiner »adoptierten« Kinder hier in Siem Reap, die Geschichte von Makara, möchte ich hier stellvertretend für viele andere erzählen. Ich gebe sie, so gut ich es kann, in ihren Worten wieder:

Mein Name ist Makara, was Januar bedeutet. Ich bin etwa vierundzwanzig Jahre alt. Mein Onkel hat mein Geburtstagsdatum geändert, sodass ich jünger erschien, damit ich länger arbeiten konnte und nicht so früh mit der Schule beginnen musste. Das ist in Kambodscha nicht ungewöhnlich. Ich wurde in Pursat in der Nähe von Battambang geboren. Als meine Mutter 2007 starb, kam ich hierher, um bei meiner Großmutter zu leben.

Ich habe vier Geschwister: zwei ältere Schwestern, eine jüngere Schwester und einen jüngeren Bruder. Er ist der Kleinste in unserer Familie. Außerdem habe ich noch zwei Halbbrüder, sie sind die Kinder meiner Mutter aus ihrer ersten Ehe. Sie waren schon erwachsen, als ich ein Kind war, deshalb lebte ich nie mit ihnen zusammen.

Meine Geschwister und ich haben immer viel gestritten. Wir bewarfen uns gegenseitig mit Gegenständen und vieles ging zu Bruch. Auch als wir älter wurden, stritten wir uns noch um Kleider. Wir teilten nicht gerne. Jetzt sind meine Schwestern alle verheiratet und leben bei ihren Männern.

Der erste Mann meiner Mutter war während des Kriegs gestorben. Danach hatte sie meinen Vater geheiratet. Schon bald nach der Hoch-

zeit wurde er zum Alkoholiker und kurz darauf verfiel auch meine Mutter dem Alkohol, weil sie immer so gestresst und traurig war. Mein Vater schlug sie sehr oft, fast jeden Tag. Sie versuchten nicht einmal, das vor uns zu verbergen – er schlug sie direkt vor unseren Augen.

Aufgrund ihrer Alkoholsucht mussten sie unseren Besitz nach und nach verkaufen, schließlich sogar das Haus und das Land. Wir verloren alles und waren obdachlos. Damals war ich etwa sieben oder acht Jahre alt. Wir lebten unter den Häusern von anderen und zogen im Dorf umher. In der einen Nacht schliefen wir unter dem Vordach der einen Familie, am nächsten Tag zogen wir zu deren Nachbarn weiter. Eine Zeit lang schien sich niemand daran zu stören. Jeder wusste, wie es um meine Eltern stand.

Ich hatte das Gefühl, dass das Dorf hauptsächlich aus unseren Verwandten bestand – aus Onkeln, Tanten und meinem Großvater. Doch sie lehnten meine Eltern aufgrund ihres Verhaltens ab und so wollten sie auch mit uns Kindern nichts zu tun haben. Sie weigerten sich, ihr Essen mit uns zu teilen, deshalb gingen wir alle zur Pagode, wo wir Geschirr wuschen, damit wir etwas zu essen kaufen konnten. Ich weiß, dass sich unsere Verwandten für meine Eltern schämten und wütend auf sie waren. Ich kann nicht sagen, dass ich ihnen ihre Gefühle übel nahm.

Schließlich wurden wir aus dem Dorf vertrieben. Unser eigener Großvater befahl uns wegzugehen. Dann zogen wir nach Prey Veng. Dort lebten wir fernab von jeder Stadt in einer kleinen Hütte mitten im Wald, umgeben von Farmen. Alle sieben ernteten wir Kartoffeln, um Geld zu verdienen. Ein paar davon durften wir behalten, damit wir etwas zu essen hatten. Sonst hatten wir nur Reis und Gemüsesuppe, die wir aus Wasser und jedem Gemüse, das wir finden konnten, kochten. Mehr konnten wir uns nicht leisten. Rind- oder Schweinefleisch,

Huhn oder Fisch waren unerreichbar für uns. Wenn es uns gelang, eine zu fangen, aßen wir Ratten. Sie schmecken ähnlich wie Hähnchen.

Dann wurde meine Mutter krank. Im Wald waren so viele Moskitos. Sie bekam Malaria, und da es weit und breit kein Krankenhaus gab, starb sie daran. Ich war damals etwa acht Jahre alt. Da es dort keine Pagode gab und wir niemanden kannten, der uns bei der Beerdigung hätte helfen können, begruben wir sie im Wald und hielten ohne Mönche und andere Trauernde einen persönlichen Gottesdienst für sie ab.

Mein jüngerer Bruder hatte sich bei meiner Mutter angesteckt. Er war erst drei Jahre alt. Es ging ihm immer schlechter, aber von uns konnte sich niemand um ihn kümmern, weil wir alle noch zu klein dafür waren, und es war auch kein Krankenhaus in der Nähe, in dem er hätte behandelt werden können. Das führte schließlich dazu, dass sein Gehirn in Mitleidenschaft gezogen wurde. Er ist jetzt etwa neunzehn Jahre alt und kann weder sprechen noch irgendetwas allein tun. Mittlerweile lebt er bei meiner zweiten Schwester in einem Hilfswerk, nachdem wir uns als Geschwister darüber gestritten hatten, wer sich um ihn kümmern sollte. Es ist ziemlich belastend, einen erwachsenen Bruder zu haben, der sich nicht selbst um sich kümmern kann.

Schließlich hatte unsere Familie kein Geld mehr und wir konnten nicht länger im Wald wohnen und Kartoffeln ernten. Da beschloss mein Vater, zu seiner Mutter nach Siem Reap zurückzugehen. Zufällig trafen wir auf jemanden, der gerade dort hinfuhr und uns mitnahm. Meine Großmutter hatte zwei Söhne, von denen mein Vater der ältere war. Nachdem er meine Mutter geheiratet hatte, waren sie nach Pursat gegangen, doch jetzt kehrte er zurück, weil es keinen Ort mehr gab, an dem wir bleiben konnten. Meine Großmutter freute sich zwar, ihre Enkel zu sehen, von der unangekündigten Rückkehr ihres Sohnes, der nicht den besten Ruf hatte, war sie jedoch nicht sehr begeistert.

Wir lebten zwei oder drei Jahre bei meiner Großmutter, dann starb sie an einer Krankheit. Ihr jüngerer Sohn, mein Onkel, brachte uns in ein christliches Hilfswerk, weil er sich ohne meine Großmutter nicht um uns kümmern und gleichzeitig arbeiten konnte. Sowohl er als auch meine Großmutter waren Christen. Mein Vater trank immer noch und tat nichts, um sich irgendwie nützlich zu machen. Er war nur noch wie eine leblose Hülle, die vor sich hinvegetierte.

Das Hilfswerk wurde von einem brasilianischen Ehepaar geleitet. Außer uns waren dort nur zwei oder drei andere Kinder. Meine ältere Schwester war die Erste von uns, die Jesus ihr Leben anvertraute. Wir alle gingen sonntags in die Kirche, weil wir dort Essen und Kleider bekamen. Mein eigener Glaube entwickelte sich recht langsam, doch je öfter ich in die Kirche ging, umso größer wurde er. Ich kann keinen konkreten Augenblick nennen, in dem ich anfing, an Jesus zu glauben, aber ich kann sagen, dass meine Reise als Christin erst bei meiner Taufe im ICF wirklich begann.

Mein erster Besuch im ICF war 2014, als das Restart-Festival stattfand. Dort kamen die Menschen zusammen, schlossen neue Freundschaften, beteten gemeinsam Jesus an und ließen sich taufen. Viele von ihnen berichteten, wie Gott in ihrem Leben gewirkt hatte. Alle waren sehr freundlich und hießen mich herzlich willkommen, sodass ich beschloss, regelmäßig dort hinzugehen. Später arbeitete ich bei der Programmgestaltung der wöchentlichen Gottesdienste mit.

Nach einiger Zeit lernte ich ND und Sophal kennen. Ich bekam auch die Gelegenheit, auf einem Frauenabend vor ungefähr zweihundert Frauen meine Geschichte zu erzählen. Ich war nicht nervös, sondern sehr ruhig. Viele Frauen weinten, als sie hörten, wie mein bisheriges Leben verlaufen war. Ich war glücklich, dass ich für andere eine Inspiration sein und mit meiner Geschichte ihr Herz berühren konnte. Ich weiß, dass es einen Grund hat, warum ich all das durchmachen musste, denn heute kann ich meine Erfahrungen einsetzen, um anderen zu helfen. Wenn ich jetzt auf Menschen treffe, die Ähnliches erlebt haben wie ich, weiß ich genau, was sie fühlen, und kann ihnen Trost spenden.

Während ich in dem Hilfswerk lebte, kam die Organisation für meine Schulkosten auf. Bis zu meinem zwölften Lebensjahr hatte ich überhaupt keine Schule besucht und konnte weder lesen noch schreiben. In der ersten Klasse waren jedoch noch mehr Zwölfjährige, das war nicht ungewöhnlich.

Als ich älter wurde, wollte ich das Hilfswerk gerne verlassen und allein leben, aber dann würde dieses nicht mehr für die Kosten der Privatschule, die ich besuchte, aufkommen. Als ich eines Tages mit ND sprach und ihm meine Geschichte erzählte, erklärte er sich bereit, mich im Hinblick auf die Schule zu unterstützen. So konnte ich das Hilfswerk verlassen und mein eigenes, neues Leben beginnen. Im Gegensatz zur Grundschule, die alle Kinder spät beginnen, gehörte ich auf der Highschool zu den ältesten Schülern. Ich war Anfang zwanzig und alle anderen zwischen vierzehn und achtzehn. Meine Lieblingsfächer waren Khmer-Literatur und Englisch. Als ich die Schule abschloss, war ich zweiundzwanzig Jahre alt.

Letztes Jahr, 2019, wechselte ich auf die University of South-East Asia in der Nähe der Angkor Highschool, wo ich jetzt im zweiten Jahr Marketing studiere. Nebenbei arbeite ich als Digital Marketing Koordinator beim ICF und erstelle die Inhalte für Instagram und Facebook. Ich bin zuständig für das Webdesign, Übersetzungen und Grafiken für die sozialen Medien. Ich arbeite von Dienstag bis Samstag und gehe abends zur Universität. Ich tue, was ich liebe, und ich bin glücklich, dass ich arbeiten und studieren kann. Ich habe das Gefühl, in meinem Leben voranzukommen, und bin dankbar für die ICF-Familie, der ich angehöre.

Im Lauf der Zeit baute ich zu Noa und Kimo, Sophals Kindern, eine enge Beziehung auf. Eines Tages luden sie mich zu ihrem traditionellen Familienessen ein, das sie jeden Montagabend abhielten. Damals war ich noch auf der Highschool, es muss also vier oder fünf Jahre her sein, und seither nehme ich regelmäßig daran teil. Ich weiß noch, wie in der Highschool einmal ein Elternabend stattfand. Sie riefen alle Eltern an, um sie dazu einzuladen. Als auch ND einen solchen Anruf bekam, fragte er: »Warum rufen Sie mich an?« Die Antwort lautete: »Makara hat Sie als ihren Vater angegeben.« Das berührte ihn sehr. Sie haben mich auf gewisse Weise »adoptiert«. Ich komme selbst für meinen Lebensunterhalt auf und Sophal und ND bezahlen für die Universität. ND brachte mir bei, wie man verantwortungsvoll mit Geld umgeht, indem man es einteilt und ein wenig spart.

ND und Sophal wurden zu meinen Eltern, meiner Familie, als ich selbst keine mehr hatte. Sophal ist meine Mutter und ND mein Vater, und ich bin glücklich, auch das ICF als meine Familie zu haben. Ich habe wieder eine Familie, die mich liebt und für mich sorgt. Wenn ich mir ansehe, welche Wendung mein Leben genommen hat, könnte ich nicht glücklicher und dankbarer sein.

Diese und weitere Geschichten »meiner« Kinder geben mir das Gefühl, dass ich anfange zu begreifen, was es bedeutet, die *Mutter einer neuen Generation* zu sein. Doch ich glaube, bis jetzt habe ich meine Berufung noch nicht im ganzen Ausmaß begriffen. Vielleicht werde ich sie auch nie ganz verstehen. Vielleicht werde ich ein Vermächtnis hinterlassen, das von meinen Kindern oder meinen »adoptierten« Kindern weitergeführt wird. Aber ich bin zu dem Schluss gekommen, dass ich diese zweite Berufung in meinem Leben nicht in ihrer gesamten Bedeutung verstehen muss. Eine Berufung bedeutet einfach, dass man sein Leben einen Tag nach dem anderen in enger Gemeinschaft mit Gott und seinem Willen lebt.

Es gibt ein Lied von Bethel Music mit dem Titel *Breathe/Rest* (deutsch: Atme/Ruhe). Darin heißt es:

Nothing to gain (nichts zu gewinnen),
Nothing to lose (nichts zu verlieren),
Nothing to show (nichts vorzuweisen),
Nothing to prove (nichts zu beweisen).[17]

So will ich mein Leben leben. Ich bin nur Gott Rechenschaft schuldig, niemandem sonst. Die Bestätigung von Menschen ist etwas Schönes und wohltuend für meine Seele, aber letztendlich brauche ich allein die Bestätigung Gottes. Wenn er mich zu etwas beruft, weiß er, wie er mich auf den Weg bringt, ohne dass dafür das Lob oder der Zuspruch anderer nötig wäre. Ich muss meinen eigenen Weg gehen, nicht den eines anderen. Auch nicht den meines Mannes, der so ein großer Visionär ist. Weder Vergleiche noch Neid werden mich weiterbringen. Ich lebe einfach jeden Tag für sich, mache einen Schritt und einen Atemzug nach dem anderen und achte darauf, in Gottes Willen zu bleiben.

Ich muss immer mit Jesus verbunden bleiben. Ich darf mir nicht erlauben, meine Augen von ihm zu nehmen, auch wenn das Leben hart ist, wenn Menschen gegen mich sind oder ich vor Problemen stehe. Ich muss meine Augen auf Jesus gerichtet halten und mich mit Menschen umgeben, die dasselbe tun. Ich muss ihn stets an der ersten Stelle in meinem Leben bewahren und mehr auf seine Verheißungen vertrauen als auf meine Erfahrungen.

ICH BIN NUR GOTT RECHENSCHAFT SCHULDIG, NIEMANDEM SONST.

Schweizerin und Khmer zugleich

Das Leben ist die Kunst des Zeichnens ohne Radiergummi.

– John W. Gardner[18]

»Wie kannst du die schöne Schweiz verlassen und nach Kambodscha ziehen?« Diese Frage habe ich sehr oft gehört. Und es ist auch die Frage, die ich mir in den vergangenen Jahren selbst immer wieder gestellt habe.

Ich hätte nie gedacht, dass ich einmal in einem Entwicklungsland leben würde, zumindest nicht, als ich erwachsen war. Als Kind und Jugendliche hatte ich mir dagegen oft vorgestellt, wie ich als Missionarin in einem fremden Land lebte und den Kindern die Läuse von den Köpfen pickte. Als ich dann älter wurde, meine eigene Familie gründete und wir unser gemeinsames Leben aufbauten, gewöhnte ich mich an das bequeme Leben in der Schweiz. Meine Träume und Vorstellungen, als Missionarin im Ausland zu leben, verblassten von Jahr zu Jahr mehr, bis ich sie schließlich vergaß. Ich hätte nie geglaubt, dass ich mein Leben so weit entfernt von meinen Eltern und Verwandten fortsetzen würde. Ich hätte nie geglaubt, dass ich all die Annehmlichkeiten eines geordneten

Lebens in der Schweiz aufgeben würde. Doch das waren meine Gedanken, nicht die Gedanken Gottes.

In unserer Church in Zürich wurden wir immer dazu angehalten, uns eine VIP, eine *very important person* – eine sehr wichtige Person – auszusuchen. Wir sollten uns darauf konzentrieren, diese Person kennenzulernen und eine Beziehung mit ihr aufzubauen, sodass sie durch uns Jesus sehen konnte. Wir wurden gelehrt, dass unser Missionsfeld unsere unmittelbare Umgebung war, nicht unbedingt ein weit entfernter Ort, von dem noch nie jemand gehört hatte. Statt »in die Mission zu gehen«, sollten wir dort, wo wir waren, Missionare sein.

Das Bild, das ich zu dieser Zeit von einer Missionarin hatte, war eine Frau in Birkenstock-Sandalen mit langen Wollsocken und ungepflegtem Haar, das mit einem Haarband zusammengefasst war. Ich weiß nicht, wie dieses Bild in meinem Kopf entstand, aber es hielt mich davon ab, diesen Weg zu beschreiten, und so kümmerte ich mich mehr um die Menschen um mich herum.

In der Schweiz lebten wir in einem Wohngebiet mit vielen Reihenfamilienhäusern. Die meisten Anwohner waren junge Paare in unserem Alter, viele ebenfalls mit Kindern. Wir pflegten viel Kontakt mit ihnen und die Nachbarn nannten unser Haus »Bienenstock«, weil dort ständig Menschen ein und aus gingen. Ich denke, das war nicht abwertend oder unfreundlich gemeint – es war einfach das, was sie sahen. Wir hatten oft kleine Gruppen von Erwachsenen sowie Kinder und Pastoren von der Church zu Besuch und wenn Mütter einen Babysitter brauchten, kamen sie zu uns. Um die Nachbarn besser kennenzulernen, hielten wir darüber hinaus des Öfteren Poker-Turniere ab. Diese waren sehr beliebt! Selbst heute noch bin ich eine meisterhafte Falschspielerin. Schließlich sollte man seine Talente nutzen! Darüber hinaus veranstalteten wir regelmäßig Spaghetti-Abende, zu denen wir die Nachbarn einluden. Der Spielplatz unseres Wohnkomplexes lag direkt vor unserer vorderen Veranda und mit der Zeit wurde es zur Gewohnheit, dass wir um vier Uhr nachmittags nach der Schule kleine Snacks – oder *Zvieri*, wie sie in der Schweiz genannt werden – für die Kinder bereithielten.

Unsere Bemühungen, die Nachbarn zusammenzubringen und eine Beziehung zu ihnen aufzubauen, wurde jedoch nicht von allen gern gesehen. Eine Frau hasste mich geradezu, weil ich mit einer ihrer Nachbarinnen sehr eng befreundet war und nicht mit ihr, und so prangerte sie mich an und zog auf Facebook über mich her. Manche Menschen glaubten auch, das ICF sei eine Sekte oder irgendeine Randgruppe, weshalb sie uns sehr distanziert begegneten. Doch im Lauf der Zeit schwand ihr Misstrauen und sie verstanden, dass unser Haus ein Ort der Zuflucht und der Sicherheit war und sie uns vertrauen konnten. Die Menschen fingen an, uns zu mögen und sich uns zu öffnen, weil wir trotz ihres anfänglichen Misstrauens stets gastfreundlich und herzlich geblieben und immer zur Stelle waren, wenn jemand Hilfe brauchte.

Als wir unsere Nachbarn darüber informierten, dass wir nach Südostasien ziehen würden, waren auch hier die Reaktionen sehr unterschiedlich. Was uns jedoch angenehm überraschte, war, dass uns die meisten für diesen Schritt bejubelten. Sie hielten unser Vorhaben für sehr außergewöhnlich, aber nachdem sie uns mittlerweile recht gut kannten, waren sie wahrscheinlich nicht allzu überrascht von unseren Plänen. Wir waren immer schon etwas speziell gewesen!

Ich schreibe dieses Buch während der Coronakrise 2020. In

den letzten Monaten habe ich viel über Politik, die verschiedenen Länder, Grenzen, gesundheitliche Probleme, Gerechtigkeit und Privilegien nachgedacht. Mein Verstand sagte mir stets: »Du solltest wieder in der Schweiz leben. Dort kennst du das System, da ist deine Familie und dort hast du den größten Teil deines Lebens gelebt und gearbeitet.« Aber mein Herz sagte etwas anderes.

Ich habe das Vorrecht gehabt, in der schönen Schweiz aufzuwachsen, mit einer wunderbaren Familie, vielen Freunden sowie einer guten Ausbildung und Arbeit. Ich bin unsagbar dankbar für meine Adoptiveltern und meine Schwiegereltern, die mich und meine Familie lieben und uns unterstützen. Das wird sich nie ändern.

Doch dann tat sich ein Weg vor mir auf, der so ganz anders war, als wir alle es erwartet hatten, und ich wollte und will ihn nicht ignorieren. Mittlerweile habe ich mir hier in Kambodscha ein Leben aufgebaut. Die Arbeit, die wir hier tun, um den Gemeinden um uns herum zu dienen, ist komplex, herausfordernd, bewegend und so lohnend. Ich würde diesen Weg nicht gegen einen anderen eintauschen!

Wie ich schon erwähnt habe, ist das Leben in Kambodscha nicht einfach. Das Wasser hier ist kein Trinkwasser, weil ständig Parasiten darin sind. Deshalb sollte man kein abgestandenes Wasser oder geschmolzenes Eis zu sich nehmen und muss Obst und Gemüse nach dem Waschen sehr gut abtrocknen. Obwohl ich immer sehr darauf achtete, das alles zu befolgen, und nur gefiltertes Wasser trank, wurde ich mehrmals sehr krank. Außerdem erkrankte ich etwa vor einem Jahr zweimal schwer an Typhus. Das waren schwere Rückschläge, aber es geht mir von Jahr zu Jahr besser, und zu sehen, dass sich meine Vision verwirklicht hat, gibt mir die Kraft, das alles durchzustehen.

Eine weitere Herausforderung waren die sozialen und kulturellen Normen, an die wir uns anpassen mussten. Natürlich waren wir darauf vorbereitet, doch wir mussten feststellen, dass es eine Sache ist, nur von der offenen Korruption und den Bestechungsgeldern zu hören, jedoch eine völlig andere, persönlich damit konfrontiert zu werden. Darüber hinaus waren wir des Öfteren überrascht, vor welche Hürden uns die Zusammentreffen mit anderen Menschen stellten. Als Schweizerin ist es ganz natürlich für mich, ehrlich zu sein. Manche würden uns vielleicht sogar als unverblümt bezeichnen. Ich sage anderen Menschen die Wahrheit und erwarte, dass sie es im Gegenzug genauso tun. Doch das ist in diesem Teil der Welt nicht der Fall. Die Gesellschaft hier stützt sich so sehr auf zwischenmenschliche Beziehungen, dass die Menschen einander lieber belügen, als ihr Verhältnis zueinander in irgendeiner Weise zu gefährden. Es ist ihnen praktisch unmöglich, anderen eine Absage zu erteilen. Ihr oberstes Ziel besteht immer darin, den Frieden zu wahren, und es darf niemals passieren, dass sie jemand anderen unglücklich machen.

ZU SEHEN, DASS SICH MEINE VISION VERWIRKLICHT HAT, GIBT MIR DIE KRAFT, DAS ALLES DURCHZUSTEHEN.

Für mich ist das paradox. Ich möchte ehrliche Beziehungen und ich mag es nicht, wenn die Menschen nicht geradeheraus mit mir reden. Eine Freundin sagt immer, ich sei »allergisch gegen Unaufrichtigkeit«. Ich muss mich an die Gegebenheiten anpassen, wenn ich als Ausländerin hier leben will. Dennoch verletzt es mich immer noch zutiefst, wenn mich ein anderer Christ belügt, und ich brauche jedes Mal sehr lange, um mich davon zu erholen.

Doch daneben gibt es hier auch so vieles, das mir große Freude bereitet. Ich liebe es, die Freiheit zu haben, zu tun, was immer ich will – hier bin ich frei von gesellschaftlichen Regeln, von Steifheit, von Mode und Make-up. Hier trägt kaum jemand Make-up, niemand erwartet, dass man sich nach der neuesten Mode kleidet, und niemand wird aufgrund seiner Kleider verurteilt. Hier herrscht ein tropisches Klima! Wir tun, was wir können, um unser Leben angenehm zu machen. Als eine Khmer konnte ich Land kaufen, mein eigenes Haus bauen und alles nach meinem Geschmack einrichten, von den Fliesen bis hin zu den Fenstern. Ich habe hier so viel Freiheit. Ich kann mit meinem Motorrad überallhin fahren, wo ich will, oder mit dem Fahrrad durch die Tempelanlagen radeln. Ich bin dankbar, dass sowohl der Strand als auch die nächste Stadt mit ihren vielen Restaurants nicht weit entfernt sind. Wir haben so viele Möglichkeiten!

Doch das Wichtigste von allem sind der Erfolg und das Wachstum der Church, die wir hier ins Leben gerufen haben. Die Khmer sind unglaublich freundlich und lächeln oft. Wir haben schon viele Freundschaften geschlossen und genießen diese Verbindungen neben unserer Hauptaufgabe. Schon allein dafür haben sich all die Schwierigkeiten und Herausforderungen, die wir meistern mussten und noch meistern müssen, gelohnt.

Margrit Müller hat in meiner Geschichte die bedeutendste Rolle von allen gespielt. Diese Krankenschwester gab alles, was sie besaß, und kämpfte für ein winziges, verletzliches, weinendes Baby. Ihre Entscheidung, sich um mich zu kümmern, war keine intellektuelle Entscheidung – es war etwas, das sie aufgrund ihres freundlichen und hilfsbereiten Herzens einfach tun musste.

Ich fragte Margrit, die jetzt über achtzig Jahre alt ist, einmal: »Warum hast du mich aufgenommen?«

Bescheiden antwortete sie: »Ich habe dich sofort ins Herz geschlossen. Ich habe dich geliebt und wollte dich beschützen, Sophal. Ich habe verzweifelt nach einer Möglichkeit gesucht, dich zu behalten, doch es gab keine. Deshalb habe ich alles getan, was ich konnte, um dich zu Adoptiveltern in die Schweiz zu bringen.«

Der Schmerz, dass sie nicht selbst für mich sorgen konnte, spricht auch heute noch aus ihren Augen und es ist fast unerträglich, das zu sehen. Ich werde für immer dankbar für ihre Liebe und ihre Fürsorge sein und bin glücklich, sie als Teil meiner Familie zu haben.

Mein bisheriges Leben beschreibt eine Art Kreis. Ich wurde in Kambodscha verlassen in einem Korb gefunden, wurde dann im Alter von neun Monaten in die Schweiz adoptiert, wo ich aufwuchs, und kehrte schließlich mit vierzig in mein Geburtsland zurück. Doch der Kreis ist noch nicht geschlossen. Mein Leben in Kambodscha ist meine Bestimmung und meine Berufung.

MEIN BISHERIGES LEBEN BESCHREIBT EINE ART KREIS.

Was Margrit Müller für ein hilfloses Kind tat, tun wir jetzt für Hunderte von Kindern, und es werden immer mehr. Eine ganze neue Generation nennt mich »Mom«.

Mein Name hat eine großartige Bedeutung: Sophal bedeutet *gute Ernte*. Wie tiefgründig und prophetisch das ist! Vielleicht nannten mich meine leiblichen Eltern deshalb so, weil sie Reisbauern waren und eine gute Ernte einbrachten. Meine Ernte geht aus dem Samen hervor, den wir in die Herzen der Kinder, um die wir uns kümmern, aussäen, in diese neue Generation.

Ich bete von ganzem Herzen dafür, dass diese Samen der Liebe in ihren Herzen wachsen und wir vielleicht noch in diesem Leben die Ernte sehen können.

Unsere Vision

Christus ist das Haupt der Gemeinde, und die Gemeinde ist sein Leib. Er ist der Anfang und als Erster von den Toten auferstanden, damit er in allem der Erste ist.

– *Kolosser 1,18*

Einige Monate nachdem wir in unserem neuen Zuhause angekommen waren, trat der Super-GAU ein: ND bekam Zahnschmerzen. Er hatte es schon in der Schweiz gehasst, zum Zahnarzt zu gehen – und nun war er in Kambodscha! Das war sein schlimmster Albtraum.

Er betete: »Gott, bitte nimm den Schmerz weg«, aber es änderte sich nichts. Er bat auch mich, für ihn zu beten, und so legte ich ihm die Hände aufs Gesicht und betete für ihn, doch es wurde nur noch schlimmer. Schließlich sagte ND: »Ich werde mich in Siem Reap nach einem Zahnarzt umsehen.« Der Eingang zu der »Zahnarztpraxis«, die er dann fand, bestand aus einem Loch in der Wand. Darin standen ein alter Behandlungsstuhl und Regale aus zweiter oder dritter Hand, die völlig verschmutzt waren. Es ließ sich nur vermuten, welche Farbe sie ursprünglich einmal gehabt hatten. In ihren Fächern lagen bedrohlich aussehende zahnärztliche Instrumente. ND stellte sich unwillkürlich vor, welchen Schrecken sie schon gesehen hatten. Das ganze Szenario erinnerte ihn an die Folterkammer eines Serienkillers.

Dann betrat ein sympathischer Mann den Raum. Er bat ND, Platz zu nehmen, und brachte dann ohne Komplikationen seinen schmerzenden Zahn in Ordnung. Dieser Zahnarzt war nach unserer Khmer-Lehrerin der zweite Khmer, den ND kennenlernte, und nachdem er einige Male dort gewesen war, gewann er Vertrauen in die Fähigkeiten des Arztes. Wir ließen schließlich auch unsere Kinder von ihm behandeln.

Ohne seinen religiösen Hintergrund zu kennen, fragte ND ihn eines Tages: »Wir gründen hier eine Church für Menschen wie dich. Ich möchte dich gerne zum Gottesdienst in unserem Wohnzimmer einladen.« Der Zahnarzt zeigte mit dem Finger auf ND und sagte: »Nur, wenn ich meine Familie mitbringen kann.«

So entstand eine freundschaftliche Beziehung zwischen unseren Familien und insbesondere zwischen den beiden Männern. Sie waren beide Motorsport-Fans und fuhren oft zusammen mit dem Motorrad durch den Dschungel. Und wann immer sie das taten, füllten sie ihre Rucksäcke mit Zahnbürsten und Zahnpasta. Sie kamen oft in Dörfer, in denen drei Generationen lebten, die in ihrem ganzen Leben noch kein einziges Mal ihre Zähne geputzt hatten. Viele Großeltern und auch Eltern, die erst vierzig oder fünfzig Jahre alt waren, hatten oft nur noch vier oder fünf Zähne. Sie lehrten die Kinder, wie sie ihre Zähne pflegen mussten, und durch die Unterstützung einer schweizerischen Organisation, mit der wir eine Partnerschaft hatten, konnten wir Tausende Zahnbürsten verteilen. So wurde unser Sozialprogramm geboren.

Ursprünglich waren wir nach Siem Reap gegangen, um dort eine Church zu gründen, doch daraus entstand so viel mehr. Gott zeigte uns, welche Berufung er für uns hatte, doch dann lag es an uns, einen Weg zu finden, wie wir dieser Berufung verantwortungsvoll und nachhaltig nachkommen konnten. Auf der Grundlage der Erfahrungen, die wir im ICF gemacht hatten, entwickelten wir zusammen mit unseren Freunden aus der Schweiz, die in Siem Reap lebten, eine Vision für unsere Arbeit, die fünf Teile umfasst.

Eine Vision ist gleich aus mehreren Gründen der entscheidende Teil einer Church. Insbesondere nehmen mit einer klaren Vision auch die Mission und die Ziele eine klare Gestalt an. Eine Vision, ein Ziel, einen Plan für die Zukunft zu haben, kann den Menschen helfen, fokussiert zu bleiben und Ablenkungen zu vermeiden, die möglicherweise Überforderung oder sogar Burn-out und Desillusionierung zur Folge haben könnten. Unser Vorhaben, an einem Ort, an dem die Menschen dem Glauben an Jesus möglicherweise feindselig gegenüberstanden, eine Church zu gründen, war schon herausfordernd genug. Deshalb mussten wir die Arbeit mit einem reinen Herzen und einem klaren Verstand beginnen und dabei so stark und fokussiert sein, dass wir dem Druck, dem solche Pläne unweigerlich ausgesetzt sind, standhalten konnten.

URSPRÜNGLICH WAREN WIR NACH SIEM REAP GEGANGEN, UM DORT EINE CHURCH ZU GRÜNDEN, DOCH DARAUS ENTSTAND SO VIEL MEHR.

Die Kambodschaner wachsen in einer buddhistischen Kultur auf. Man findet kaum ein Haus, geschweige denn ein ganzes Dorf, ohne einen wie auch immer gearteten Schrein. In ganz Kambodscha gibt es unzählige Tempel und praktisch überall sind sogenannte Geisterhäuschen zu finden. Manche von ihnen sind kunstvoll mit Gold verziert, andere sind einfache Streichholzhäuser, die eher Vogelhäuschen ähneln. Mönche drehen barfuß ihre täglichen Runden und holen sich ihren Reis für den Tag, indem sie Ladenbesitzern und Familien ihren Segen anbieten.

Viele Menschen hegen eine fatalistische Einstellung und glauben, man könne sein Los im Leben nicht ändern und nur darauf hoffen, im nächsten Leben in eine bessere Situation hineingeboren zu werden. Diese Weltanschauung ist einer sozialen Veränderung und einer Verbesserung des Umfelds alles andere als zuträglich, denn sie beinhaltet die Ideologie, dass es keine Möglichkeit gibt, die eigene Situation oder die Umstände um sich herum zu beeinflussen. Es herrscht die stille Akzeptanz des Leidens, weil das Leben aus Leiden besteht und das Leiden für ein gutes Karma sorgt, welches sich positiv auf die nächste Reinkarnation eines Menschen auswirkt. Es wird erwartet, dass jemand, der in diesem Leben leidet, die nächste Ebene erreicht und in seinem nächsten Leben auf bessere Umstände trifft.

Im Gegensatz dazu ist der Glaube an Gott etwas Persönliches. Das Vertrauen auf einen liebenden Gott schafft eine Hoffnung, die es uns Menschen ermöglicht, einander so sehr zu lieben, dass wir Opfer füreinander bringen und dazu motiviert sind, für das Gute zu kämpfen. Wir Christen wollen den Himmel auf Erden schaffen. Welche Glaubwürdigkeit hätten wir, wenn wir anderen von unserem Glauben an Jesus berichteten, ohne uns nach unseren Nachbarn auszustrecken und ihnen zu helfen? Es wäre eine Idee ohne Substanz. Wenn wir unseren Nächsten Gutes wünschen, ohne einen Finger krumm zu machen, um ihm zu helfen – sei es materiell, durch Tatkraft oder indem wir ihm in einer schwierigen Situation zur Seite stehen –, sind unsere Worte für alle, die sie hören, leer und bedeutungslos. Genauso drückt es die Bibel aus:

> Liebe Brüder, was nützt es, wenn jemand von seinem Glauben spricht, aber nicht entsprechend handelt? Ein solcher Glaube kann niemanden retten. Angenommen, jemand sieht einen Bruder oder eine Schwester um Nahrung oder Kleidung bitten und sagt: ›Lass es dir gut gehen, Gott segne dich, halte dich warm und iss dich satt‹, ohne ihnen zu essen oder etwas anzuziehen zu geben. Was nützt ihnen das? Es reicht nicht, nur Glauben zu haben. Ein Glaube, der nicht zu guten Taten führt, ist kein Glaube – er ist tot und wertlos.
> *– Jakobus 2,14-17*

Der erste Teil unserer Vision und damit der erste Abschnitt unseres Projektes ICF Kambodscha bestand darin, hier in Siem Reap eine Church zu gründen, den Menschen vom Evangelium zu erzählen und ihnen unsere geistliche Unterstützung anzubieten. Das haben wir getan, aber unser Ziel hat sich auch weiterentwickelt. Wir wollen für die Menschen und Familien in Siem Reap einen sicheren Ort schaffen, an dem sie lernen, spielen und sich treffen können. Sie sollen sich bei uns willkommen fühlen und die Möglichkeit haben zu wachsen. Wir wollen ihnen helfen, ihr ganzes Potenzial zu entwickeln.

WIR WOLLEN FÜR DIE MENSCHEN UND FAMILIEN EINEN SICHEREN ORT SCHAFFEN, AN DEM SIE LERNEN, SPIELEN UND SICH TREFFEN KÖNNEN.

Wir betrachten jeden Menschen, der auf unseren Campus kommt, als eine Raupe voller Verheißungen auf eine zukünftige

Schönheit. Unser Church-Campus ist wie ein verpupptes Insekt, der Katalysator für die Eröffnung bisher unbekannter Möglichkeiten. Unser Traum ist es, zu beobachten, wie diese Kinder, Teenager und Erwachsenen eine ganzheitliche Veränderung durchlaufen und sich von der Puppe in die Schmetterlinge verwandeln, die sie sein sollen.

Der zweite Teil unserer Vision sind zwei soziale Projekte, an denen wir derzeit in Siem Reap arbeiten. Das erste nennt sich *Family Care* – eine umfassende Hilfe für Familien in Not. Wir gehen in die umliegenden Dörfer und sorgen dafür, dass die Familien sauberes Wasser und hygienische Toiletten haben. Unser Team kümmert sich darum, dass die Kinder regelmäßig zur Schule gehen. Wir wollen unseren Teil dazu beitragen, dass sie alles haben, was sie brauchen, und in einer sicheren Umgebung aufwachsen.

NDs Vision war es, die Kinder, die an den Aktivitäten unserer Church teilnehmen, auf konkrete, materielle Weise zu unterstützen. Einige von ihnen kamen aus sehr schwierigen familiären Verhältnissen und wir erkannten ihre Not. Wir wussten nicht, mit welchen spezifischen Herausforderungen die Kinder zu Hause zu kämpfen hatten, aber wir sahen, dass sie mit schmutzigen Kleidern und Wunden auf unseren Campus kamen. Deshalb wollten wir es nicht dabei belassen, ihnen einmal in der Woche von Jesus zu erzählen, wir mussten ihnen ganzheitlich helfen.

Heute arbeiten wir während der Wochenenden mit den Kindern, wenn sie an unseren sportlichen und handwerklichen Aktivitäten teilnehmen, während sich unser Team die ganze Woche über um die Familien kümmert. »Das war der Beginn unserer Abteilung für die Familienfürsorge«, sagt der Leiter unserer Sozialprojekte. »Am Anfang kamen die meisten der Spenden aus der Schweiz, jetzt fächert es sich ein bisschen breiter auf. Das ist das einzige Programm, das einen Spender direkt mit einem Kind verbindet. Wir schicken den Spendern einmal im Jahr einen Bericht über das von ihnen geförderte Kind, einschließlich Fotos und Briefen, die das Kind selbst geschrieben hat. Im Jahr 2015 wurden die ersten Kinder registriert. Viele von ihnen sind heute noch in dem Programm. Jetzt sind sie Teenager, was wieder andere Herausforderungen mit sich bringt, aber es ist uns eine Ehre, sie auf ihrer Reise zu begleiten und zu sehen, wie sie wachsen und sich verändern.«

Unser Familien-Fürsorgeprogramm beinhaltet, dass die Sozialarbeiter die Familie in ihren Dörfern besuchen und bei jeder von ihnen eine Bestandsaufnahme ihrer Bedürfnisse machen. Vor allem anderen ist es ihnen wichtig, dass sie Vertrauen zu uns aufbauen, damit sie keine Scheu haben, offen zu sagen, wie es ihnen geht. Das ist die Grundlage unserer Arbeit. Nach einigen Monaten erweist sich die ursprüngliche Beurteilung meist als fehlerhaft, weil sich die Menschen während des ersten Treffens oft anders präsentieren. Unser Ziel ist es, die Familien robuster zu machen und die Eltern dazu zu bringen, die Verantwortung für ihre Kinder zu übernehmen, damit diese eine bessere Zukunft haben können.

Manche Familien haben gesunde zwischenmenschliche Beziehungen, doch sie verfügen nicht über ein regelmäßiges Einkommen, sodass es ihnen an vielem fehlt. Diese Not kann glücklicherweise schnell gestillt werden. Andere Familien kämpfen mit Abhängigkeiten, Vernachlässigung, Glücksspiel, Missbrauch und vielen anderen komplexen Problemen. Diese zu lösen, braucht seine Zeit, aber auch das ist Teil unseres Fürsorge-Programms. Wir strecken uns nach den Menschen aus und versuchen, ihnen nachhaltig zu helfen.

Während der Coronakrise haben sich die Bedürfnisse der Familien verändert. Viele von ihnen sind wirtschaftlich in eine sehr schwierige Situation geraten. Vor der Pandemie hatten manche von ihnen ein zumindest überwiegend regelmäßiges Einkommen, doch durch die Krise wurde ihnen diese Sicherheit genommen. Sie borgten sich Geld von Nachbarn und nahmen Kredite mit horrenden Zinsen auf. Die Banken und Mikrokreditinstitute sind unerbittlich, wenn es um die Rückzahlung der Raten geht. Zuerst erscheint es als eine einfache Art, um an Geld zu kommen. Die Kreditgeber fahren auf Motorrädern von Haus zu Haus, direkt vor die Tür, und bieten riesige Geldsummen an, von ein- oder zweitausend Dollar aufwärts. Um den Kredit zu bekommen, müssen die Dorfbewohner ihr Land als Sicherheit einsetzen. Sie geben das einzig Wertvolle, das sie besitzen, auf, um sich ein Motorrad kaufen zu können, eine Hochzeit zu feiern oder etwas zu bekommen, das ihnen eine sofortige Befriedigung verschafft, wie beispielsweise ein Mobiltelefon.

Wir arbeiten jetzt hart daran, diese Familien aus den Fängen der Kredithaie zu befreien. Wenn wir sehen, dass die Familien auch selbst motiviert sind, aus ihren Schwierigkeiten herauszukommen, tun wir alles, was in unserer Macht steht, um ihnen darin zur Seite zu stehen, sei es, indem wir ihnen helfen, ihre eigene Bäckerei zu eröffnen, Tiere zu züchten, Gemüse anzupflanzen oder was immer ihnen einfällt. Diese Pandemie hat überall unauslöschliche Spuren hinterlassen und unsere Dörfer sind dabei keine Ausnahme.

Während der Pandemie haben wir 445 Familien auf vielerlei Weise unterstützt und allein im Jahr 2020 über 800 000 Mahlzeiten verteilt. Viele dieser Menschen besuchen unsere Church oder gehören zu unseren Mitarbeitern, andere wohnen in der nahen Umgebung. Wir haben diese Krise genutzt, um so viele Menschen wie möglich zu erreichen. Am dringendsten benötigt wurden Reis und andere Lebensmittel wie Eier, Öl, Salz und so weiter, wobei die Bedürfnisse auch davon abhingen, ob gerade Trocken- oder Regenzeit herrschte. Außerdem gaben wir den Familien Seife, Zahnbürsten, Zahnpasta, Windeln und weitere Dinge des täglichen Bedarfs. Aufgrund von Covid-19 wurden auch Gesichtsmasken und Handdesinfektionsmittel zur Priorität.

Darüber hinaus versuchten wir, den Menschen, die ihre Arbeit verloren hatten, eine sinnvolle Beschäftigung zu geben, indem wir ihnen Hühner, Enten und Fische brachten, die sie züchten konnten, sowie Samen für den landwirtschaftlichen Anbau. Das lief anfangs sehr gut, sodass wir glaubten, sie könnten sich auf diese Weise selbst ernähren, doch leider stellte sich dann heraus, dass es nicht ausreichte.

Im Oktober 2020 wurde das Land überflutet. Alle Hühner starben und die Felder wurden zerstört. Ich glaube, während dieser Zeit war es das Wichtigste, dass wir den Menschen, zu denen wir eine Beziehung aufgebaut hatten, etwas zu tun gaben und uns um sie kümmerten, damit sie sich nicht im Stich gelassen fühlten. Während der Pandemie hatten sie Vertrauen zu uns aufgebaut und wussten, dass sie sich an uns wenden konnten, wenn sie Hilfe brauchten. Ob wir ihnen geben konnten, was sie benötigten, stand natürlich auf einem anderen Blatt. Aber wenn jemand mit einer Geschäftsidee zu uns kam, taten wir stets alles, um ihn bei seinem Start-up-Unternehmen zu unterstützen, auch wenn es mit einem hohen Risiko verbunden war. Wir wollten die Flamme bei allen, die bereits motiviert waren, am Brennen halten. Wenn sie den Willen zeigten, etwas zu verändern, halfen wir ihnen, ganz gleich, was dagegen sprach.

Unsere Unterstützung für die örtliche Gemeinde besteht zum Teil aus sehr einfachen Dingen wie beispielsweise einer Wasserstation, an der alle kostenlos ihre Krüge mit gefiltertem, sauberem Wasser füllen können. Andere Aktionen sind ein wenig komplexer, wie unsere bereits erwähnten Sozialprogramme. Das ICF verfügt über vielfältige Möglichkeiten, um jungen Menschen zu helfen, ihr Potenzial zu entfalten. Unsere Sozialarbeiter sorgen beispielsweise dafür, dass die Kinder in unserer Umgebung zur Schule gehen und ihre Familien genug Reis für die Woche haben. All das ist Teil der zweiten Phase unserer Vision, die beinhaltet, den Familien in der Gemeinde, in der wir leben und unsere Church-Gottesdienste abhalten, die Möglichkeit zu bieten, einen nachhaltigen und gesunden Lebensstil zu entwickeln.

Die zweite Sparte unserer sozialen Projekte ist unser ICF-Community-Campus. Auf diesem schönen und farbenfrohen Campus mitten im Grünen sind Klassenzimmer, Hütten, in denen man sich treffen kann, Tennisplätze, Basketballplätze (einschließlich eines Platzes, auf dem Menschen im Rollstuhl spielen können), Volleyballplätze und Fußballfelder. In dem nahe gelegenen See können die Gäste schwimmen, Kajak fahren, sich an den darüber gespannten Seilen entlanghangeln oder einfach an seinem Ufer entspannen. Alles ist kostenlos und steht allen zur Verfügung. Auf diesem Church-Campus mit all seinen Freizeitaktivitäten und ruhigen Orten knüpfen wir meist den ersten Kontakt zu den Menschen aus den umliegenden Gebieten. Wir möchten, dass dies ein Ort ist, an dem sich die Menschen wohlfühlen und entspannen können.

Hier können wir sie und ihre Familien kennenlernen, Beziehungen aufbauen, sie in den Gottesdienst einladen und herausfinden, ob es irgendetwas gibt, bei dem sie Hilfe brauchen. Der ICF Community-Campus soll ein Ort des Lichts und des Trostes sein.

Abgesehen von den Sporteinrichtungen gibt es auf dem Campus eine Kindertagesstätte, verschiedene Workshops sowie Kurse für Kunst, Musik und Computerkenntnisse. Der Leiter unseres Campus sagt: »Man kann nichts lernen, von dem man nichts weiß.« Die meisten der Kinder aus den umliegenden Dörfern wussten nicht, was Legosteine sind. Sie sahen sich nur verwirrt all die vielen Plastikteile an und warfen sie durch die Gegend. Auch viele andere Materialien, die wir jetzt einsetzen, um den Kindern zu helfen, neue Denkmuster zu entwickeln, kannten sie vorher nicht. Wir haben jetzt auch ein Handwerkszentrum auf dem Campus, um ihre Kreativität zu fördern. Hier können sie aus recycelbaren Materialien Tiere basteln, malen, töpfern und vieles mehr.

DER ICF COMMUNITY-CAMPUS SOLL EIN ORT DES LICHTS UND DES TROSTES SEIN.

Darüber hinaus bieten wir die Möglichkeit für Möbel- und Raumdesign an. Wenn ein Kind wissen möchte, wie man einen Stuhl baut, fragen wir es: »Worin, glaubst du, sollte der erste Schritt bestehen? Wird das funktionieren? Warum oder warum nicht? Was können wir tun, um das Problem zu lösen?« Unser Ziel ist es, die Kinder schon in jungen Jahren darin zu unterstützen, kritisch und kreativ zu denken und nach Antworten und Lösungen zu suchen. Im Rahmen der Kreativität gibt es kein Richtig oder Falsch und jeder kann tun, was er will. Wenn ein Kind aus Müll einen Schmetterling basteln will, darf es das tun. »Der Weg ist das Ziel, nicht das Endprodukt«, sagt unser Campusleiter. »Es gibt kein Schwarz und

Weiß, sondern viele verschiedene Grautöne. Wir leiten die Kinder schon ab dem frühen Alter zur Selbstständigkeit an.«

Der dritte Teil unserer Vision ist der Wake-Park. Durch diese Anlage haben wir Jobmöglichkeiten für die Menschen geschaffen. Einige arbeiten im Restaurant als Bedienung oder an der Rezeption, andere als Wakeboard-Lehrer und wieder andere sind dafür zuständig, den See sauber zu halten. Im Restaurant können sich die Menschen entspannen oder an ihrem Laptop arbeiten, sich mit Freunden oder Geschäftspartnern treffen, etwas essen und trinken und den Wakeboardern auf dem See zusehen, die dort ihre Tricks ausprobieren.

Ich bin sehr stolz darauf, was unser Team, bestehend aus Khmer und ehrenamtlichen Mitarbeitern, erreicht hat. Dieser Ort ist nicht mehr wiederzuerkennen. Noch vor zwei Jahren war hier Brachland; jetzt gibt es einen glitzernden See, um den ein befestigter Weg herumführt, der zum Spazierengehen einlädt. Außerdem fahren hier Tuk-Tuks und sammeln gestrandete Wakeboard-Fahrer ein, sodass diese nicht zu ihrem Ausgangspunkt zurückschwimmen müssen. Der Wake-Park hilft uns auch dabei, unsere Sozialprogramme zu finanzieren, Jobs zur Verfügung zu stellen und den Menschen einen Ort zu bieten, an dem sie sich treffen und entspannen können. Der Wake-Park in Siem Reap ist der einzige Ort dieser Art in Kambodscha, aber wir wollen es nicht dabei belassen. Wie wir gesehen haben, bietet sich so eine gute Möglichkeit, mit den Menschen um uns herum in Kontakt zu kommen und ihnen auf vielerlei Weise zu helfen.

Das örtliche Geschäftsmodell ist ein wesentlicher Teil des Entwicklungsprogramms des ICF. Als wir begannen, finanzierten wir uns natürlich durch Spenden von außen. Aber um unsere Arbeit in diesem Land aufrechterhalten zu können, glauben wir, dass wir auch die finanzielle Sicherheit durch ein eigenes Unternehmen in Kambodscha brauchen. Es muss kein weiterer Wake-Park werden. Wir wollen tun, was in einer Gegend unserer Meinung nach funktionieren würde, was bedeutet, dass wir uns nach jenen ausstrecken, die dort leben, und uns an ihren Bedürfnissen und Wünschen orientieren. So können wir sicherstellen, dass das Geschäft, das wir gründen, für diese Menschen sinnvoll ist und Erfolg verspricht.

Eine örtliche Firma ist ein Teil des Geschäftsplans und der Strategie, die wir verfolgen, um noch mehr ICF-Churches in verschiedenen Städten gründen zu können. Auf diese Weise können wir einen wesentlichen Beitrag dazu leisten, die sozialen Projekte, die wir in der Gemeinde und um sie herum ins Leben rufen wollen, zu finanzieren.

Teil vier unserer Vision ist es, für Tausende kambodschanischer Schüler ein Bildungszentrum zu errichten. In einer Kindertagesstätte sollen bereits Kleinkinder betreut werden, weil das frühe Kindesalter so entscheidend für ihre weitere Entwicklung ist. Anschließend wollen wir sie bis zum College begleiten und ihnen sogar eine berufliche Ausbildung ermöglichen, in der sie praktische Fähigkeiten erwerben können wie Kochen, Holzbearbeitung, Autoreparatur und Ähnliches. All das soll sie so ausstatten, dass sie dazu beitragen können, die Zukunft ihres Landes zu verbessern.

Bildung steht für uns ganz weit oben, weil wir gesehen haben, dass das Bildungssystem hier völlig zusammengebrochen ist. Unter Top-Geschäftsleuten sowie Lehrern und Sicherheitsbeamten herrscht Korruption. Selbst ausgezeichnete, hingebungsvolle Lehrer, die das Herz auf dem rechten Fleck haben, können nur so viel bewirken, wie es ihnen gelingt, sich in dem täglichen Kampf gegen das korrupte System zu behaupten. Es fließt mehr Geld in die Taschen der Beamten als in die Zwecke, für die sie eigentlich bestimmt sind – den Bau und die Renovierung von Schulen, die Aus- und Weiterbildung von Lehrern, Schulbücher und Lehrmaterial. Eine Schule, mit der wir arbeiteten, verfügte beispielsweise über einen Kopierer, doch sie hatte kein Geld, um Papier zu kaufen. Deshalb war sie nicht in der Lage, jedes Kind mit dem nötigen Schulmaterial zu versorgen.

Das ist leider kein Einzelfall. In den meisten Schulen Kambodschas schreibt der Lehrer den Lernstoff deshalb an die Tafel und die Schüler schreiben ihn in ihre Hefte ab. Kritisches Denken wird nicht gefördert und es dürfen keine Fragen gestellt werden. Die Lehrer werden nicht gelehrt zu lehren. Grundschullehrer müssen selbst nur die neunte Klasse abgeschlossen haben, um sich für den Job bewerben zu können. Sie verfügen aber über keinerlei Ausbildung im Hinblick auf eine sinnvolle Gestaltung des Unterrichts, Methodenlehre, Pädagogik, Kindesentwicklung oder verschiedene Lernstile. Es fehlt ihnen in jeder Beziehung an den nötigen Voraussetzungen, um ihre Aufgabe effektiv zu erfüllen.

In unserem Church-Zentrum haben wir derzeit einen Raum, in dem die Schüler an verschiedenen Kunstprojekten mitarbeiten können. Unser Ziel ist es, dieses Kreativstudio jeden Tag von zwei bis sechs Uhr nachmittags zu öffnen. Der Leiter unseres Church-

Campus sagt: »Manchmal halten wir spezielle Kurse und Unterricht ab, aber die Kinder sollen auch die Möglichkeit haben, sich durch einfaches Ausprobieren zu entfalten. Das ist unser Traum. Langsam, langsam. Lernen durch Handeln.«

Vor einem Jahr versuchten wir, Kinder auf unseren Campus zu bringen, um sie zu unterrichten. Wir fuhren mit unseren roten Trucks in die Dörfer, aber die Kinder liefen weg, weil sie nicht lernen wollten. Dazu kam, dass wir unseren Campus wegen Corona vorübergehend schließen mussten. Das kam natürlich nicht unerwartet, aber am Ende zog es sich viel länger hin, als wir geglaubt hatten. Es war schon schwierig genug, die Kinder zu unserem Campus zu bringen, doch was sollten wir jetzt tun?

Schließlich gelang es einigen unserer Mitarbeiter von der Familienfürsorge und dem Church-Zentrum, fünfzig Teenager zu finden, die bereit waren, sich dafür ausbilden zu lassen, die Kinder vom Kindergartenalter an bis zur sechsten Klasse zu unterrichten. Das sollte von Juni bis Dezember stattfinden, als die Schulen wegen der Corona-Pandemie nur zeitweise geöffnet waren. Ich sah, dass viele Kinder die Schule verließen, um arbeiten zu gehen. Mit unserem Lernprogramm konnten die Kinder weiter zur Schule gehen oder zu Hause lernen und in der zweiten Tageshälfte die jüngeren Kinder unterrichten und so ihre Familien mit einem Teilzeitjob unterstützen.

Dafür gründeten wir in den sieben von uns unterstützten Dörfern fünfzig Lerngruppen, etliche Hausbesitzer stellten uns ihr Haus als Lernraum zur Verfügung. Während der sieben Monate, in denen wir diese Lernprogramme abhielten, wuchs das Vertrauen zwischen den Dorfbewohnern und unserer Belegschaft sehr. Als Ergebnis davon kommen jetzt jede Woche von Mittwoch bis Samstag hundertfünfzig lernwillige Kinder auf unseren Campus.

Die Hälfte der Teenager geht wieder in Vollzeit in die Schule und fünfundzwanzig unterrichten weiterhin die jüngeren Kinder. Kein einziges hat die Schule verlassen!

Nachdem dieses Programm vorüber war, unterzog ich es einer Bewertung. Nach Aussage der hart arbeitenden Teenager hatten sie durch das Projekt gelernt, dass Bildung nicht nur für sie wichtig war, sondern auch für ihr ganzes Dorf. Auch die Eltern waren überrascht, wozu ihre Kinder imstande waren, und sagten: »Mein Kind ist ein Teil der Lösung.« Sie schätzten es sehr, dass wir Potenzial in den Teenagern sahen und das Leben in ihrem Dorf mit ihrer Hilfe verbesserten. Dadurch wurde das Vertrauen der Dorfbewohner zu uns aufgebaut und gefestigt.

Seitdem sehen wir Fortschritte. Die Eltern haben verstanden, dass sich der Kreislauf fortsetzt und es ihren Kindern genauso ergehen wird wie ihnen, wenn sie nicht zur Schule gehen und lesen und schreiben lernen. Normalerweise äußern sich kambodschanische Eltern weder positiv noch negativ über ihre Kinder. In ihrer Kultur ist es nicht üblich, jemanden zu loben oder seiner Anerkennung Ausdruck zu verleihen. Doch am Ende dieses Lehrprogramms in den Dörfern luden wir alle Eltern unserer jungen Lehrer ein und sagten ihnen, dass sie wunderbare Kinder hätten und diese es zweihundert anderen Kindern ermöglicht hätten, während des Lockdowns weiterzulernen. Ich hörte viele der Teenager sagen: »Ich habe meine Mutter noch nie so stolz auf mich gesehen.« Es war großartig, dass diese jungen Menschen stolz auf sich selbst waren und auch von ihren Eltern für ihre außerordentliche Arbeit gelobt wurden.

DIE ELTERN SCHÄTZTEN ES SEHR, DASS WIR POTENZIAL IN DEN TEENAGERN SAHEN.

Unser größter Wunsch ist es, dass jedes Kind auf dem ICF-Campus die nötige Aufmerksamkeit bekommt und die Liebe Gottes durch uns spürt. Deshalb begrüßen wir jedes einzelne Kind persönlich und fragen es: »Wie geht es dir? Wie ist dein Name? Von wo kommst du? Willst du mit mir spielen?«

Unser fünftes Ziel schließlich ist es, das Church-Modell, das wir hier in Siem Reap gegründet haben, zu multiplizieren und in noch vielen anderen Städten Kambodschas aufzubauen. Um das zu erreichen, knüpfen wir Kontakt mit möglichst vielen Menschen aus dem Ort und versuchen, Zugang zu Ressourcen zu erhalten. Unser Church-Zentrum in Siem Reap war unser Pilotprojekt und nachdem die ersten drei Puzzle-Teile unserer Vision bereits an Ort und Stelle sind, haben wir im Hinblick auf die Struktur, die Organisation und die Finanzen genug Erfahrungen gesammelt, um weitere Stützpunkte zu errichten.

Gott liebt die Menschen, er liebt die Menschen in Siem Reap sowie jeder anderen Stadt und jedem anderen Dorf in Kambodscha. Nachdem wir gesehen haben, welche positiven Veränderungen unser Church-Zentrum hier bewirken konnte, können wir es nicht bei diesem einen Ort belassen. Wir sind jetzt hier, um in Siem Reap zu helfen, aber wir haben einen noch größeren Traum, eine noch umfassendere Vision. Wir wollen so vielen Menschen wie möglich helfen, und deshalb ist die Multiplikation ein wesentlicher Teil dieser Vision.

Ich glaube, dass die Church dabei eine entscheidende Rolle spielt. Ich sehe, wie sie Tausenden Menschen im ganzen Land neue

Hoffnung gibt und ihr Leben positiv beeinflusst, sodass sie in der Lage sind, kluge Entscheidungen zu treffen. Und es ist wunderbar zu sehen, dass sie immer mehr auf Gott vertrauen, seine Liebe erkennen und verstehen, dass er einen wunderbaren Plan für ihre Zukunft hat.

Erinnerst du dich an unseren Zahnarzt? Ein Jahr nachdem er ND seinen schmerzenden Zahn gezogen hatte, stand ND bis zur Hüfte im Wasser und taufte ihn und seinen Sohn. Kurz bevor er ihn unter Wasser tauchte, sagte ND: »Jetzt bist du an der Reihe, dich hinzulegen!«

P.S.

Das Leben kann nur rückwärts verstanden werden,
aber es muss vorwärts gelebt werden.
– Søren Kierkegaard[19]

Wenn ich heute zurückblicke, macht es mich glücklich zu sehen, wie viel wir schon bewältigt, umgesetzt und auf die Beine gestellt haben. Aber es liegt auch noch vieles vor uns. Wir sind noch längst nicht fertig, doch ich blicke voller Hoffnung in die Zukunft.

Wir wollen erreichen, dass auch in anderen Städten Kambodschas und in weiteren Ländern Asiens Konzepte wie das unsere mit Church, NGO und örtlichem Geschäftsmodell umgesetzt werden. Unser Traum ist auch ein Ausbildungszentrum für Leiter, die in ihren Städten und Dörfern eine Church aufbauen wollen.

Siem Reap ist mein Zuhause, aber ich kann mir gut vorstellen, in andere Städte zu reisen und die jungen Leiter dort bei ihrer Arbeit zu unterstützen. Wir werden unser ganzes Wissen, das wir aus unseren Erfahrungen gewonnen haben, an sie weitergeben. Viele der Fehler, die wir gemacht haben, haben dazu beigetragen, dass wir zu den Leitern werden konnten, die wir heute sind. Man kann nur Erfolg haben, wenn man auf dem Weg Härten, Fehltritte, Herausforderungen, Widerstand und Rückschläge gemeistert hat. Wir können nicht wachsen, ohne Fehler zu machen, deshalb bin ich dankbar für jeden einzelnen von ihnen. Sie alle haben uns auf unserer Reise in Gottes Berufung stärker und klüger gemacht.

Für Visionäre ist der Weg nie zu Ende. Der britische Priester und Autor Nicky Gumbel definiert Vision als »die Kombination einer tiefen Zufriedenheit mit den Gegebenheiten und einer klaren Vorstellung der Möglichkeiten.«[20] Wenn du einen Traum hast, wirst du dir immer sagen: »Es ist noch nicht vorüber.« Träumer sind nie zufrieden mit dem Ende einer Reise. Ich bin mit einem Visionär verheiratet. Er strebt immer nach mehr und besser. Wir lieben es, zusammen zu träumen. Wir sehen, dass Gottes Gnade auf unserer Arbeit in Kambodscha liegt wie eine Decke, die uns tröstet und bewahrt. Es ist bemerkenswert, was unser Team in nur sieben Jahren erreicht hat. Solange wir gesund sind und die Kraft dafür haben, wollen wir weiter daran arbeiten, den Kambodschanern ein besseres Leben und eine bessere Zukunft zu ermöglichen.

David aus der Bibel war ebenfalls ein Visionär und hat in seinem Leben so viel erreicht. Auch wenn er auf Widerstand traf und Tragödien erlebte, gab er nie auf. Er vertraute immer auf Gott, ganz gleich, was passierte. Seinen ersten Kampf kämpfte er bereits als Teenager, als er gegen den Riesen Goliat aus dem Volk der Philister antrat. Obwohl er nicht mehr hatte als eine Steinschleuder, vertraute David darauf, dass Gott ihn schützen würde, genauso wie er selbst seine Schafe vor Löwen und Bären schützte (siehe 1. Samuel 17). Wie David haben auch wir viele Stürme und Bedrängnis erlebt. Aber genauso wie er sind wir durch diese Schwierigkeiten stärker geworden. Ich sehe diese Kraft und diesen Frieden auch in den fantastischen Kambodschanern, die wir jeden Tag treffen dürfen.

FÜR VISIONÄRE IST DER WEG NIE ZU ENDE.

Während der vergangenen Jahre bin ich als Frau, als Freundin, Mutter, Leiterin und Pastorin gewachsen. Die wichtigste Lektion, die ich gelernt habe (und immer noch lerne), ist die Disziplin, stets darauf zu vertrauen, dass Gott mir in allem den Weg weist. Wenn ich nicht von ihm lerne, kann ich andere nicht lehren. Und wenn ich seiner Führung nicht folge, kann ich andere nicht führen. Disziplin zu wahren, ist einfacher, als viele Menschen glauben. Sie herrscht in vielen Bereichen meines Lebens, sei es im Hinblick auf das tägliche Bibellesen, Gebet, Sport, eine gesunde Ernährung und meine Zeiteinteilung. Das mag sich banal anhören, aber diese Dinge sind die Stützpfeiler unseres Tages und Jesus verdient den besten Teil davon.

Ich vertraue in allem auf Jesus. Wenn ich auf Widerstand oder Herausforderungen, Bedrängnis, Anklagen oder Ungerechtigkeit stoße oder mich etwas schmerzt, habe ich gelernt, still zu werden, zu beten und alles an ihn abzugeben. Wenn ich mich dann beruhigt habe und wieder klare Gedanken fassen kann, tue ich, was Jesus mir ans Herz gelegt hat. Sofort auf Herausforderungen zu reagieren, ohne vorher Jesus, der alle Antworten kennt, um Rat zu fragen, hat mich nie sehr weit gebracht. Meist habe ich damit mehr Schaden angerichtet als etwas Gutes bewirkt. Heute weiß ich es besser. Jetzt gehe ich als Erstes zu Jesus, bete und warte auf seine Führung, bevor ich etwas sage oder tue.

Während der Arbeit an diesem Buch war ich auf einem Gebetsmarsch in dem Strandort Sihanoukville. Dort sah ich die erst halb fertiggestellten Gebäude, die von ihren Bauherren zurückgelassen worden waren. In einer einst makellosen, unberührten Küstengegend wurden Apartmenthäuser und Casinos (die mittlerweile geschlossen wurden) gebaut, die Touristen von dort, wo das Glücksspiel verboten war, anziehen sollten. Die unfertigen Häuser sahen für mich aus wie Skelette aus trockenen Knochen, doch angesichts dieser Vorstellung setzte Gott etwas in mir in Bewegung, genauso wie damals, als ND und ich begannen, uns zu treffen. Mir kamen die Verse aus Hesekiel wieder in den Sinn:

> Und wenn ich eure Gräber öffne und euch als mein Volk aus euren Gräbern steigen lasse, dann werdet ihr erkennen, dass ich der Herr bin. Ich gebe euch meinen Geist, damit ihr lebt, und ich bringe euch in euer Land. Dann werdet ihr erkennen, dass ich, der Herr, es angekündigt und auch ausgeführt habe. Ich, der Herr, habe gesprochen!
> *– Hesekiel 37,13.14*

Ich glaube, dass diese trockenen Knochen wieder zum Leben erweckt werden, dass sie eines Tages wieder mit Fleisch und Haut bedeckt sein werden. Diese Vision gab Gott mir auf dem Gebetsmarsch: Diese Stadt und das ganze Land würden wieder zum Leben erweckt werden und es würde keine toten Knochen mehr geben.

Wir sind dankbar für die Träume und Visionen in unserem Herzen. Auch sie werden ihre Herausforderungen mit sich bringen und uns auf Widerstand stoßen lassen, aber wir vertrauen auf Gottes unfehlbare Liebe.

Als ich noch ein junges Mädchen war, ging ich einmal an einem sonnigen Sonntagnachmittag in Eglisau mit meinen Eltern am Rhein spazieren. Sie fragten mich, was ich einmal werden wollte, wenn ich erwachsen war. Meine spontane Antwort lautete: »Wenn ich erwachsen bin, will ich eine weiße Haut haben!« Sie lachten nur und sagten etwas wie: »Du bist perfekt, wie du bist. Alle anderen setzen sich in die Sonne, um so braun zu werden wie du.« Weiß ist von Natur aus eine positive Farbe. Sie steht für Reinheit, Jungfräulichkeit, Unschuld, Licht, Güte, den Himmel, Sicherheit, Brillanz, Erleuchtung, Verständnis, Sauberkeit, Glauben, neue Anfänge, Geistlichkeit, Möglichkeiten, Demut, Aufrichtigkeit, Schutz, Sanftheit und Perfektion. Was ich damals sagen wollte, war vermutlich, dass ich ein reines Herz, einen klaren Verstand und ein schuldloses Leben haben wollte.

Heute bete ich für dich und mich, dass wir weiße Kleider tragen können – dass wir ein reines Herz und einen klaren Sinn haben. Und ich bitte Jesus, mir zu helfen, alles zu erreichen, was er für mich geplant hat, ohne dabei mein reines, unschuldiges Herz zu verlieren.

In Liebe
Sophal

Danksagung

ND Strupler – Ich danke ND, meinem Ehepartner, dem unglaublich begabten Mann an meiner Seite. Er ist ein Visionär und Motivator, der hart und treu arbeitet und aus nichts etwas Außergewöhnliches machen kann. Er ist vieles, das ich nicht bin, aber zusammen sind wir stärker. Wir sind jetzt sechsundzwanzig Jahre verheiratet und haben zwei erwachsene Kinder: Noa Noëmi, unsere kostbare Tochter, und Kimo, unseren wunderbaren Sohn.

Gemeinsam sind wir durch Höhen und Tiefen gegangen. Unsere Superkraft besteht darin, dass wir zusammenhalten, ganz gleich, was passiert. Danke, ND, für deine Treue; danke, dass du mich ermutigst und mich so liebst, wie ich bin. Mit dir habe ich den Jackpot gewonnen.

Noa Noëmi – Was kann ich über meine wunderbare Tochter Noa sagen? Ich finde keine Worte, um auszudrücken, wie sehr du mich ermutigt und unterstützt hast, während ich dieses Buch schrieb. Du hast mich immer wieder dazu angetrieben weiterzumachen, als ich aufgeben wollte. Du hast für mich gebetet und mich ermahnt, besser zu werden. Ich habe beobachtet, wie du gewachsen und Jesus immer ähnlicher geworden bist und wie du anderen geholfen hast, dasselbe zu tun. Es war wunderbar, dich zu der Frau heranwachsen zu sehen, die du heute bist. Du bist meine geschätzte Tochter, die zu meiner Freundin geworden ist.

Kimo – Kimo, mein Sohn, ich hatte keine Ahnung, dass du so gut im Schreiben bist! Deine Anregungen, wie ich meine Geschichte mit mehr Leidenschaft und Emotionen schildern kann, indem ich Details bildhaft beschreibe und meine Worte besonnen wähle, haben mir sehr geholfen, meine Erinnerungen daran, wie ich mich in deinen Vater verliebt habe, wieder aufleben zu lassen. Durch dich wurde diese Geschichte lebendig. Du bist zu einem erstaunlichen jungen Mann geworden, voller intellektueller Neugier und Einsicht. Deine Ehrlichkeit und deine Art, die Welt zu sehen, lehren mich so vieles.

Ich liebe euch beide.

Gerda und Peter Gautschi – Ehre, wem Ehre gebührt (siehe Römer 13,7). Dies sind meine Adoptiveltern, die mich so vieles über die Familie und das Leben gelehrt haben. Sie haben mich mit offenen Herzen aufgenommen und meine Identität geformt. Durch sie wurden so viele wertvolle Eigenschaften in mir begründet – Humor, Liebe, Großzügigkeit, Ehrlichkeit und Glauben. Sie haben mir mehr gegeben als nur ein Dach über dem Kopf. Sie haben mir ein Zuhause gegeben, einen sicheren Ort, an dem ich aufwachsen konnte und immer das Gefühl hatte dazuzugehören.

»Von allen Babys auf der Welt haben wir dich gewählt.« Diesen Satz hörte ich immer wieder.

Danke, Mama und Papa, dass ihr mich so liebt, wie ich bin, und so viel in mich investiert habt. Ich bin sehr gesegnet, Eltern wie euch zu haben. Ich liebe euch.

Margrit Müller – Sie ist die Heldin, die mich als Baby vor dem sicheren Tod bewahrte. Selbstlos schenkte sie mir ihre Kraft, ihre Zeit, ihren letzten Cent und ihr Herz und rettete mich trotz aller

Schwierigkeiten vor dem brutalen Genozid, der Kambodscha zerstörte.

Alle Worte der Welt reichen nicht aus, um dir, meiner Patin, Margrit Müller, die Ehre zu geben, die dir gebührt. Du hast nicht nur mein Leben, sondern auch das Leben so vieler anderer gerettet, und der himmlische Lohn, der dich dafür erwartet, wird unermesslich sein. Du bist meine Heldin. Danke.

Sydney VanVleet – Du bist während der Zusammenarbeit an meinem Buch zu einer guten und kostbaren Freundin für mich geworden.

Wir haben so viele Stunden miteinander verbracht, uns Geschichten erzählt, zusammen gelacht und geweint. Du bist die lustigste Frau, die ich je getroffen habe. Ich bin so glücklich, dass Gott deine sprachliche Begabung dafür gebraucht hat, dieses Buch zu überarbeiten und ihm den letzten Schliff zu geben.

Ergänzende Literatur

Agger, I.: Calming the mind: Healing after mass atrocity in Cambodia. Transcultural psychiatry, 52 (4), 2015, S. 543–560. Siehe: https://doi.org/101177/1363461514568336 (zuletzt aufgerufen am 8. 10. 2021).

Brinkley, J.: Cambodia's Curse: The Modern History of a Troubled Land, PublicAffairs, New York 2011.

Himm, S.: Tears of My Soul: The Story of a Boy Who Survived the Cambodian Killing Fields, Monarch Books, Oxford 2003.

Brent Cane: Talkin' about Cambodia's 'golden age'. The Phnom Penh Post, 6. 5. 2016, siehe: https://www.phnompenhpost.com/post-weekend/talkin-about-cambodias-golden-age (zuletzt aufgerufen am 8. 10. 2021).

Anmerkungen

1 GoodReads 2021, Garrison Keillor: <https://www.goodreads.com/quotes/5488-a-book-is-a-gift-you-can-open-again-and> (zuletzt aufgerufen am 16.5.2021).
2 »Völkermord«, siehe: https://reset.org/knowledge/die-un-konvention-gegen-den-voelkermord (zuletzt aufgerufen am 15.9.2021).
3 Ung, Loung: First They Killed My Father, HarperCollins Publishers, New York 2000 (übersetzt aus dem Englischen).
4 BrainyQuote 2021, Rithy Panh: <https://www.brainyquote.com/quotes/rithy_panh_936115> (zuletzt aufgerufen am 18.5.2021).
5 YouTube 2019, America Ferrera: »My Identity is a Superpower—Not an Obstacle«; siehe: https://www.youtube.com/watch?v=RjquHTj4HlY (zuletzt aufgerufen am 16.9.2021).
6 FTLO Travel 2019, Robyn Yong: <https://www.ftlotravel.com/post/2019/05/30/15-travel-quotes-that-will-inspire-you-to-explore-the-world> (zuletzt aufgerufen am 16.5.2021).
7 Mey, Chum: Survivor: The Triumph of an Ordinary Man in the Khmer Rouge Genocide, Documentation Center of Cambodia, Phnom Penh 2012.
8 Lewis, C. S.: Till We Have Faces: A Myth Retold, Geoffrey Bles, London, 1956 (übersetzt aus dem Englischen).
9 Winfrey, Oprah: Every Person has a Purpose, in: O, the Oprah Magazine 2009, siehe: https://www.oprah.com/spirit/how-oprah-winfrey-found-her-purpose (zuletzt aufgerufen am 17.9.2021).
10 Buechner, Frederick: Wishful Thinking: A Theological ABC. HarperCollins Publishers, New York 1973, S. 95.
11 Lathrap, Mary T.: Judge Softly (übersetzt aus dem Englischen).
12 Eliot, T. S.: Four Quartets, Harcourt, USA 1943 (übersetzt aus dem Englischen).
13 Schultz, Lisa J.: Lighter Living: Declutter. Organize. Simplify. High Country Publications, Denver 2019, S. 27 (übersetzt aus dem Englischen).

14 Zitat der Buch- und Filmfigur Winnie Puuh von Alan Alexander Milne, aus: »Winnie Pooh«-Zitate: Die schönsten Sprüche des drolligen Bären, siehe: https://www.kino.de/artikel/winnie-pooh-zitate--vwprgg3qhp (zuletzt aufgerufen am 20. 9. 2021).

15 GoodReads 2021, Bob Goff, Seite aufgerufen 20. Mai 2021, <https://www.goodreads.com/quotes/10260957-embrace-uncertainty-some-of-the-most-beautiful-chapters-in-our>

16 Manning, Brennan: The Wisdom of Tenderness: What Happens When God's Fierce Mercy Transforms Our Lives, HarperOne, San Francisco 2010 (übersetzt aus dem Englischen).

17 Asbury, Cory, Stailey, Nicholas: Breathe/Rest (Spontaneous), Revival's In The Air, Bethel Music Publishing, 2018, Lied Nr. 7.

18 BrainyQuote 2021, John W. Gardner: <https://www.brainyquote.com/quotes/john_w_gardner_161655#:~:text=Gardner%20Quotes&text=Life%20is%20the%20art%20of%20drawing%20without%20an%20eraser.> (zuletzt aufgerufen am 21. 5. 2021).

19 GoodReads 2021, Søren Kierkegaard: <https://www.goodreads.com/quotes/6812-life-can-only-be-understood-backwards-but-it-must-be> (zuletzt aufgerufen am 21. 5. 2021).

20 Nicky Gumbel: From Vision to Action (übersetzt aus dem Englischen), siehe: https://www.bible.com/reading-plans/17704-bible-in-one-year-2020-with-nicky-gumbel/day/336 (zuletzt aufgerufen am 22. 9. 2021).